Ursula Kopp

Kräutergärten
...anlegen und pflegen

Bassermann

Inhalt

Geschichte des Kräutergartens   6

Kleine Kräutergeschichte   8
- Kräuter in der Antike   8
- Kräuter im Mittelalter   9
- Die Kräuterernte   11

Klostergärten   12

Burg- und Bauerngärten   14

Kräuteranbau heute   15

Ein Platz für Kräuter   16

Platz findet sich überall   18
Die Würzkräuterecke   18
Kräuter im Nutzgarten   18
Kräuter im Ziergarten   19
Kräuter im Steingarten   20
Duftkräuter am Sitzplatz   21
Eine Kräuter- und Blumenrabatte   21
Die Kräuterhecke   22
Der Kräuterweg   23

Kräutergarten anlegen und gestalten   24

Kräuterauswahl   26
Der formale Kräutergarten   27
Der ornamentale Kräutergarten   29
Die Kräuterrabatte   31
Die Kräuterspirale   33
Das Kräuterrondell   35
Der Kräuterhügel   37
Das Kräuterhochbeet   38
Wegekreuz & Kräuteruhr   41
Kräuter auf Balkon & Terrasse   42

Kräutergarten pflegen   44

Der Standort   46
Der Boden   47
Kräuter aussäen und pflanzen   48
Wässern   49
Düngen   50
Kräuter in Kübeln pflegen   51
Pflanzenschutz   52
Vermehrung   53
- Anzucht von Jungpflanzen aus feinem Saatgut   54
- Anzucht von Jungpflanzen im Torfquelltopf   55
- Stecklinge   56
- Teilung   57
- Absenker   58
- Wurzelausläufer   58

Überwinterung   59

Kräuter im Überblick   60

Kräuter von A bis Z 62

**Kräuter ernten
und konservieren** 118

Kräuter ernten 120
Kräuter trocknen 122
Kräuter in Essig & Öl einlegen 124
Kräuter einfrieren 125
Getrocknete Kräuter
   aufbewahren 126
Kräuter in der Natur
   sammeln 127

**Mit frischen Kräutern
kochen** 128

**Mit Kräutern kochen
und würzen** 130
– Salat- und Kochkräuter
– Kräuter putzen
– Kräuter schneiden
– Garen mit Kräutern

Welches Kraut passt wozu 132

Kräuterrezepte 134
– Frühlingssuppe 134
– Wiesensalat 135
– Steinpilze mit Kräutern 136
– Lammrücken mit Kräuterkruste 137
– Lachssteaks
  mit Sauerampfersoße 138
– Kräutersenf 139
– Gebackene Salbeiblätter
  auf Himbeersoße 140
– Pfefferminzgelee 141

Register 142

Impressum 144

Geschichte des Kräutergartens

Die Kenntnisse über Anbau und Verwendung von Kräutern ist Jahrtausende alt. Zu Beginn unserer Zeitrechnung gab es bereits zahlreiche Werke, die Kräuter und teilweise sogar ihren Anbau beschrieben. Die Römer übernahmen die Kenntnisse von den Griechen und brachten das Wissen auf ihren Eroberungszügen in den Norden. Ende der Römerzeit wurde das Wissen der Antike in den Klöstern gesammelt.

Kleine Kräutergeschichte

Die Heilkraft von Kräutern lässt sich bis an den Anfang der Geschichte zurückverfolgen. Schon frühe Zivilisationen experimentierten mit Pflanzen. Sie fanden heraus, mit welchen Kräutern sie ihre Leiden behandeln konnten und gaben dieses Wissen von Generation zu Generation mündlich und durch Unterweisung weiter. Sagen und Legenden erzählen von wundersamen Wirkkräften, die sich im Laufe der Zeit mit Riten und Brauchtum verbanden.

Kräuter in der Antike

Bereits in den frühen Zeiten der Menschheitsgeschichte hatten Kräuter ihren ganz besonderen Platz und Stellenwert. Sie gehörten zu den Nahrungsmitteln aus der Umgebung der „Jäger und Sammler" und wurden wahrscheinlich schon damals auch als Würze und Heilmittel genutzt.

In den alten Hochkulturen in China, Indien, Persien und Ägypten gab es schon Aufzeichnungen über die Nutzungsmöglichkeiten der einzelnen Pflanzen. Die ersten Höhepunkte erreichte die Kräuterheilkunde jedoch in der Antike. Der griechische Arzt Pedanios Dioskurides beschrieb im 1. Jahrhundert n. Chr. zahlreiche Heilpflanzen und deren Anwendungen in seinem Werk „De materia medica". Es umfasst ca. 1000 Arzneimittel und 4740 medizinische Anwendungen. Dieses umfangreiche Werk mit seinen genauen Beschreibungen galt bis ins Mittelalter hinein als eines der wichtigsten Kräuterbücher überhaupt.

Der griechische Arzt Pedanios Dioskurides verfasste eines der wichtigsten Kräuterbücher.

Auch die Römer haben sich ihren Platz in der Geschichte der Kräuterkunde gesichert. Plinius der Ältere wurde vor allem durch sein naturwissenschaftliches Werk „Naturalis historia" bekannt, das als einziges seiner Werke erhalten geblieben ist. In dieser Enzyklopädie mit 37 Büchern fasste er insbesondere das naturkundliche Wissen seiner Zeit zusammen. Aus den Überlieferungen des römischen Feinschmeckers Lukullus wissen wir heute aus jener Zeit viel über die Nutzung der Kräuter als Würz- und Heilmittel.

Die Zusammenhänge zwischen Nahrung und Heilmitteln fanden auch in der arabischen Heilkunst ihren Niederschlag. Der „Qanun-al-Tibb" (Kanon der Medizin), verfasst von dem berühmten persischen Arzt Avicenna (980–1073), vereint griechische, römische und persische Traditionen. Er ist unterteilt in fünf Bücher, von denen eines sich mit der Herstellung von Heilmitteln befasst. Die „materia medica" („Medizinisches Material") enthält 760 Heilkräuter mit Angaben zu deren Anwendung und Wirksamkeit.

Kräuter im Mittelalter

Früher war die Pflanzenwelt eine göttliche Gabe und wurde von den Menschen dankbar in Form von Nahrung und als Heilpflanzen angenommen und verehrt. Im Pflanzenreich suchten die frühen Menschen auch nach Antworten für alles Unerklärliche. Das Leben mit den Pflanzen führte zu einem großen Erfahrungsschatz, es entstanden Überlieferungen, Geschichten und mythologische Sagen. Pflanzen, die aus der Reihe tanzen, weil sie zu ungewöhnlicher Zeit blühen (Christrose), eine auffällige Blütenform haben (Löwenmaul), keine Samen bilden (Farnkraut) oder hoch oben in Bäumen wachsen (Mistel) wurden oft zu Trägern von Aber- und Zauberglauben.

Kraft und Wirkung von Kräutern wurden lange bevor das Christentum sich ausbreitete geschätzt und hoch geachtet. In fast allen Kulturen und Ländern fand man die Bestätigung, welche Weisheit und Kraft den Kräutern innewohnt und wie reich der sei, der dieses Wissen sein eigen nennen durfte. Vielen Kräutern wurden magische Eigenschaften zugeschrieben. So kannten die Angelsachsen neun heilige Kräuter zum Schutz vor allen möglichen bösen Einflüssen. Man trug sie als Kranz auf dem Kopf und als Amulett, goss ihre Abkochungen ins Badewasser, rührte sie in Salben hinein und räucherte mit ihnen oder hängte sie als Zaubermittel gegen Hexerei, böse Geister, Albträume und Krankheiten über die Türen, Fenster und Betten.

Zu den magischen Zauberpflanzen zählt auch die hoch in den Bäumen wachsende Mistel.

Kräuterfrauen schöpften ihre Fähigkeiten aus den Kräften der Natur.

In vorchristlichen Zeiten waren Kräuter vor allem heilende Pflanzen, mit denen weise Frauen die innere und äußere Natur in Einklang brachten. Mit dem Christentum wurden jedoch Einfluss und Wirken der Kräuterkundigen einerseits als bedrohlich empfunden, andererseits dann als Gottesgeschenk betrachtet, wenn das Wissen aus den Klöstern kam. Nun verstanden es manche Frauen, durch Intuition, Lauschen in die Natur, durch genaues Beobachten und Ausprobieren, durch Lernen und Erfahrung, den Zauber der Pflanzen tief greifender zu ergründen. Ihre Fähigkeiten schöpften sie aus den Kräften der Natur, vor allem die Pflanzenwelt gab ihnen das Rüstzeug zur Ausübung ihrer Zunft. Damit verfügten sie über eine Macht, die sie in die Nähe des Übernatürlichen rückte und somit verdächtig erscheinen ließ. Und so hatten diese Kräuterfrauen von jeher einen schlechten Ruf, weil man sich ihre Fähigkeiten nicht erklären konnte und diese kurzerhand für teuflisch befand.

Im Laufe der Zeit entwickelte sich das Kräuterwissen friedlich in Richtung der Apotheken, die im Spätmittelalter eigene Kräutergärten unterhielten und auch Wildkräuter aus dem Orient in die Herstellung ihrer Arzneien einbezogen. Als im 15. Jahrhundert der Buchdruck erfunden wurde, konnten Werke über die heilenden Pflanzen gedruckt und im Laufe der Zeit

Der Apothekergarten im Kloster Lorch

Die Kräuterernte

Der Überlieferung nach hatten Kräuter die größte Wirkung, wenn sie im ersten oder zweiten Mondviertel gesät oder gepflanzt wurden. Beim Sammeln von Kräutern gab es viele seltsame Bräuche. So glaubte man, dass sie besser wirkten, wenn sie nachts gesammelt wurden. Bei den Sachsen war es üblich, Kräuter in der Dämmerung zu ernten. Die Druiden trugen zum Sammeln weiße Leinengewänder, gingen barfuß und schnitten die Kräuter mit goldenen Klingen ab. Als besonders effektiv galt es, die Kräuter kurz vor oder nach dem Vollmond zu ernten. In manchen Gegenden sammelte man die Kräuter mit der linken Hand, sah dabei niemals in den Wind und wandte sich nicht um. Beim Schneiden der Pflanzen sprach man mit ihnen. Kräuter, die zu Boden gefallen waren, wurden liegengelassen, weil man glaubte, das Gute in ihnen sei in die Erde zurückgekehrt. Einige Kräuter durften niemals mit Eisenwerkzeugen geschnitten werden.

einer breiten Masse zugänglich gemacht werden. Mit der Popularität wuchsen auch die Anbaudimensionen, die zunächst ausschließlich den kräuterkundigen Apothekern zugute kamen. Für die Küche hatte jeder Haushalt einen kleinen Garten, aus dem nach und nach die im Aroma sehr kräftigen Kräuter verschwanden.

Die Standardgewürze Dill, Schnittlauch und Petersilie setzten sich als gebräuchlichste Kräuter zum Kochen durch. Erst im 20. Jahrhundert wurden Estragon, Rauke, Ysop, Origano, Lavendel und Wildkräuter wie Schafgarbe, Bärlauch und Taubnessel wiederentdeckt.

Nach der Ernte wurden die Kräuter getrocknet, damit man sie auch noch im Winter verwenden konnte. Außerdem stellte man daraus Duftsäckchen her, damit es im Haus immer frisch roch. In Häusern und Kirchen wurden die Fußböden mit wohlriechenden Kräutern und Binsen abgedeckt. Das galt als besonders wirksam in Zeiten, in denen Seuchen herrschten.

Klostergärten

Der Kräutergarten der französischen Abtei Landevennac

Von den Klöstern ging im Mittelalter eine herausragende Kultur schaffende Kraft aus. In ihren Skriptorien und Bibliotheken wurde das Wissen vergangener Jahrhunderte gepflegt und aufbewahrt. Dazu zählte auch eine umfangreiche Kenntnis über Land- und Waldwirtschaft, denn die meisten Klöster waren Selbstversorger und ernährten sich durch das, was das Land hergab. Die Zisterzienser lebten weitab von anderen Siedlungen, rodeten die damals noch reichlich vorhandenen Wälder und machten das Land urbar. Was nicht in ausreichender Menge in der Natur zu finden war, wurde kultiviert und so entstanden die Klostergärten. Hier wurden Gewürze für die Küche und Zierblumen als Blumenschmuck für die Kirche kultiviert. Aus ihnen deckte man den Bedarf an Arzneien, denn die Klöster waren im Mittelalter Zentren der Krankenpflege.

In der Folgezeit entwickelte sich zwischen den Klöstern, auch über die Alpen hinweg, ein reger Austausch. Mönche tauschten Pflanzen, Samen und Heilmittel aus und gaben ihr botanisches Wissen weiter. So wurden zum Beispiel Fenchel und Liebstöckel, ursprünglich im Mittelmeerraum beheimatet, im 9. Jahrhundert von Mönchen über die Alpen gebracht. Von den Klostergärten fanden sie ihren Weg in die Gärten der Bauern. Auch der Dill wurde in Mitteleuropa erstmals im Frühmittelalter in Klostergärten kultiviert. Im Klostergarten von St. Gallen, dem älteste Arzneipflanzengarten der Benediktiner, war (neben

Der ehemalige Klostergarten von Seligenstadt

15 weiteren Kräutern) für ihn sogar ein eigener Platz bestimmt, wie heute noch aus Aufzeichnungen ersichtlich ist. Der Klosterplan von St. Gallen (820 n. Chr.) hatte damals eine wichtige Modellfunktion. Andere Klöster versuchten, seinen Vorgaben zu folgen. In ihm sind ein Klostergarten, ein

Der Klostergarten im oberbayerischen Schlehdorf

Gemüsegarten, ein Obstgarten mit Friedhof und ein Heilkräutergarten vorgesehen. Das Haus des Gärtners befand sich direkt neben dem Gemüse- und Kräutergarten, der Arzneigarten lag etwas abseits. Die Grundausstattung für den Kräutergarten basierte auf der Landgüterverordnung von Karl dem Großen von 795, die ihrerseits auf die Klostergärten der Benediktiner zurückgeht. Zu der bis heute gültigen Kräutersammlung zählen unter anderem Petersilie, Sellerie, Malve, Dill, Knoblauch, Minze, Liebstöckel, Fenchel, Diptam und Rosmarin.

Die bis heute gepflegte Tradition des klösterlichen Gartenbaus basiert seit jeher auf der Kenntnis der Eigenschaften und Standortansprüche der Pflanzen. Aufgrund genauer Beobachtung und Überlieferung wussten die Mönche, welche Pflanzen sich gegenseitig förderten und welche nicht zueinander passten und sich in ihrem Wachstum behinderten. Der jahreszeitliche Sonnenstand sowie die Beschattung durch Mauern und Bäume entschied über die Anlage der verschiedenen Gartenteile und an welche Stellen die Gewächse gepflanzt wurden. Der Kräutergarten mit seinen überwiegend aus dem Mittelmeerraum stammenden Pflanzen musste volle Sonne haben und dementsprechend nach Süden ausgerichtet sein. Gemüse gedieh ebenfalls nicht im Schatten. Der Blumengarten mit Rosen, Veilchen und Lilien hingegen konnte durchaus Schatten vertragen.

Burg- und Bauerngärten

Der Burggarten von Eppstein im Taunus

Burggärten zählen, neben den Klostergärten, zu den ältesten von Menschenhand angelegten Nutzgärten. Im Mittelalter waren die Burgen dicht umbaut und ließen dem Gartenbau wenig Raum. Die Gärten innerhalb der Burgmauern waren daher eher bescheiden und dienten als Nahrungslieferant im Falle einer feindlichen Belagerung. Da die Fläche relativ klein war, blieb die Auswahl von Pflanzen, die in bis ins 9. Jh. zurückreichenden Quellen genannt werden, auf traditionelle Stauden, Heil- und Gewürzkräuter begrenzt. Angebaut wurden Sellerie, Feldsalat, Fenchel oder Knoblauch. Wo es der Burgberg zuließ, wurden auch außerhalb der Burgmauern Kräuter gezogen und Bäume gepflanzt. Viele dieser Kräuter fanden dann den Weg in die den Burgen benachbarten Bauerngärten. Da ein Konservieren von Fleisch und Fisch nicht möglich war, dienten stark würzende und duftende Kräuter vor allem zur Überlagerung des unangenehmen Geschmacks und Geruchs der im Sommer leicht verderbenden Nahrungsmittel.

Mit der Erfindung des Buchdrucks breitete sich das Wissen um die heilkräftigen Eigenschaften der Kräuter über die Klostermauern hinweg aus und wurde zumindest den des Lesens Kundigen zugänglich. Hieronymus Bock, Leonhart Fuchs und Jakob Tabernaemontanus beschrieben in ihren Kräuterbüchern alle damals bekannten, in der Heilkunde und Küche verwendeten Gewächse und verhalfen der Gartenkultur und Pflanzenheilkunde zu allgemeinem Aufschwung.

Kräuteranbau heute

Nach dem Zweiten Weltkrieg führten Kräuter im Garten ein Schattendasein. Zum Würzen wurden Petersilie, Dill und Schnittlauch am Beetrand gepflanzt, Vorrang aber hatte Gemüse zum Sattwerden. Die Heilwirkung von Kräutern war damals wenig gefragt. Erst als der Raubbau an der Natur und die Schädigung der Umwelt durch Luft-, Boden und Grundwasserverschmutzung, aussterbende Tier- und Pflanzenarten immer drastischer erkennbar wurden, setzte auch im Hausgarten ein Umdenken ein. Der anfangs viel belächelte biologische bzw. naturgemäße Gartenbau erhielt eine neue Bedeutung und man erinnerte sich wieder an die Arbeits- und Lebensweise der „guten alten Zeit". Auch Würz- und Heilkräuter kamen wieder zu neuen Ehren, Brennnessel- und Schachtelhalmbrühen verdrängten mehr und mehr chemische Pflanzenschutzmittel. Und so haben im Hausgarten Würz- und Heilkräuter wieder Fuß gefasst. Da man sie überall pflanzen kann, lassen sie sich auch in die Gartengestaltung einbeziehen und als Form bildende Elemente einsetzen. Sie demonstrieren die Verbindung des Angenehmen mit dem Nützlichen und fördern durch ihre wertvollen Inhaltsstoffe das Wohlbefinden und die Gesundheit.

Auch in einem Schrebergarten findet sich ausreichend Platz für Kräuter.

Ein Platz für Kräuter

In jedem Garten lässt sich ein passendes Fleckchen für Gewürz- und Heilkräuter finden. Bei einem kleinen Garten genügt schon die Anlage eines Kräuterbeets. Auf diese Weise hat man immer eine kleine Gartenapotheke zur Hand und kann außerdem mit frischen, aromatischen Kräutern die Speisen würzen.

Platz findet sich überall

Gewürz- und Heilkräuter begleiten den Menschen seit alters her und finden sich heute in fast jedem Garten, selbst dort, wo ansonsten auf Nutzpflanzen verzichtet wird. Denn, wer einmal frische Blätter und Triebe aus dem eigenen Garten geerntet hat, weiß, dass sie jeder Handelsware überlegen sind.

Die Würzkräuterecke

Je nach Größe und Form des Gartens können Küchenkräuter auch in einer kleinen Ecke bunt durcheinander wachsen. Hohe, ausdauernde Kräuter wie Beifuß, Estragon, Fenchel und Liebstöckel werden in den Hintergrund oder in die Mitte gesetzt, niedrigere ein- und zweijährige Kräuter finden vorne Platz. Da sich viele Ernten schwierig, die jeweils gewünschten Kräuter für die Küche auch herauszufinden. Deshalb empfiehlt es sich, beim Pflanzen eher planvoll vorzugehen, vor allem dann, wenn die Kräuter nicht sofort verbraucht, sondern in größeren Mengen, getrennt nach Arten, geerntet und konserviert werden sollen. Dies lässt sich auch auf kleinem Raum realisieren. Damit die Kräuterecke übersichtlich bleibt und das Wuchern der Kräuter verhindert wird, kann man sie mit Trittplatten, Kies und Steinen in kleinere Abschnitte aufteilen. Mit einer bunten Umrandung aus Tagetes, Zinnien, Ringelblumen und Fleißigen Lieschen wird ein farbiger Rahmen geschaffen und die Kräuterecke von den umgebenden Pflanzungen abgehoben.

Zinnie mit Petersilie

Kräuter im Gemüsegarten

Kräuter mit der Zeit ausbreiten oder selbst aussäen, muss man ab und an auslichten, damit nicht ein undurchdringliches Dickicht entsteht. Denn dann wird es beim

Kräuter im Nutzgarten

Traditionell haben Küchenkräuter ihren Platz im Gemüsegarten. Bei kleinen Nutzgartenflächen muss kein eigenes

Kräuterabteil angelegt werden, einjährige Kräuter können auch gut an die Gemüsebeetränder gepflanzt werden. Da sie jedes Jahr neu ausgesät und gepflanzt werden, sind sie auch die ideale Begleitung für Mischkulturen im Gemüsegarten. Hier können sie sogar Schädlinge von den Gemüsepflanzen fernhalten. So sollen zum Beispiel Dill Schnecken und Borretsch den Kohlweißling vertreiben sowie Basilikum Tomaten und Gurken vor Schadinsekten schützen. Für ausdauernde, hohe Kräuter findet sich eher ein Platz in Kompostnähe, der allerdings nicht im Schatten liegen sollte. Da sie meist sehr anspruchslos sind, kann man sie auch an eine Stelle setzen, die zu schmal für Nutzpflanzen ist zum Beispiel entlang eines Zauns oder vor eine Hecke. Manche Kräuter haben auch sehr schöne Blüten und können für dekorative Farbtupfer im Gemüsebeet sorgen.

Kräuter im Ziergarten

Kräuter mit zierenden Blüten und Blättern lassen sich in größeren Tuffs oder Horsten mit höher wachsenden Stauden kombinieren und so in die Gesamtgestaltung integrieren. Borretsch zum Beispiel besticht durch seine leuchtend blauen Blüten, auffallend helle, silbergraue oder

Kräuter mit hübschen Blüten lassen sich gut in den Ziergarten integrieren.

bläuliche Blätter tragen Wermut, Eberraute und Weinraute. Zuchtsorten von Thymian, Origano, Salbei und Minzen schmücken sich mit goldgelbem, rötlichem oder gemustertem Laub. Blühender Schnittlauch mit seinen rötlich-lilafarbenen Blütenköpfchen steht mit silbergrauen Strohblumen in schönem Kontrast. Lavendel und Salbei passen sehr gut zu Rosen. Man kann sie rund um einen einzelnen Hochstamm oder vor die Rosenrabatte setzen. Pflanzungen mit einjährigen Sommerblumen lassen sich zum Beispiel mit Melisse, Ringelblume und Ysop ergänzen. Zwischen mediterranen Kübelpflanzen findet Rosmarin in einem dekorativen Terrakottagefäß Platz. Man kann die Kräuter wie ein Bukett vor höhere Sträucher pflanzen oder auch als kleine Kräuterinsel im Rasen, umrandet mit Sommerblumen anlegen. Auch mit den unterschiedlichen Blattfarben und -strukturen der Kräuter lassen sich hübsche Kombinationen zusammenstellen. Selbst Petersilie und Blattsellerie können in solchen Arrangements gestaltend wirken. Duftende Kräuter ziehen Nutzinsekten an und sind deshalb im Ziergarten auch von ökologischer Bedeutung.

Kräuter im Steingarten

Viele sonnenhungrige Kräuter, die mit wenig Feuchtigkeit auskommen wie Bergbohnenkraut, Frauenmantel, Tripmadam, Salbei, Weinraute und Ysop finden im Steingarten und auf Trockenmauern ideale Bedingungen vor. Dort entfalten sie ein besonders kräftiges Aroma. Wenn es Lage und Form des Steingartens zulassen, kann man andere, weniger trockenresistente Kräuter an die Seiten setzen und mit Sommerblumen einen Übergang zu den anderen Pflanzungen im Garten schaffen.

Der Steingarten eignet sich für sonnenhungrige Kräuter.

Duftkräuter am Sitzplatz

Ein Duftgarten ist für viele Gartenbesitzer ein verzaubertes Fleckchen Erde, in dem sich wunderbar entspannen lässt. Deshalb können in der Nähe des Sitzplatzes auf der Terrasse oder im Garten Kräuter Platz finden, die vor allem durch ihren Duft zum Verweilen einladen. Zudem zieht der Duftreigen Bienen und Schmetterlinge an. Hohe Gewächse wie Königskerze, Stockmalve oder Engelwurz sollten den Hintergrund bilden. Lavendel, Thymian, Minze, Salbei, Zitronenmelisse und Origano setzt man möglichst nahe an den Sitzplatz, um den Duft der ätherischen Öle voll genießen zu können. Dabei wird so gepflanzt, dass dazwischen für die jährlich neu zu pflanzenden einjährigen Kräuter genügend Platz bleibt.

Eine Kräuter- und Blumenrabatte

Sehr hübsch ist auch ein Beet, dass man am Rande des Gartens, entlang eines Zauns oder Weges anlegt, in dem sich Kräuter und Blumen ein buntes Stelldichein geben. Bei der Zusammenstellung lässt man sich von den Blüten- und Laubfarben, aber auch von Blattstrukturen leiten. Eher unscheinbare Blüten kommen in Nachbarschaft mit auffallend gefärbtem Blattwerk besser zur Geltung. Damit die Kräuterrabatte nicht nur im Sommer blüht, kann man sie mit Frühlingszwiebelblumen, Primeln und Vergissmeinnicht und für den Herbst und Winter mit Buchs umranden. Mit einigen Kräutern lassen sich auch gut Beete und Rabatten mit Sommerblumen und Stauden einfassen. Sehr ansprechend wirkt eine Umrandung aus Majoran, Zi-

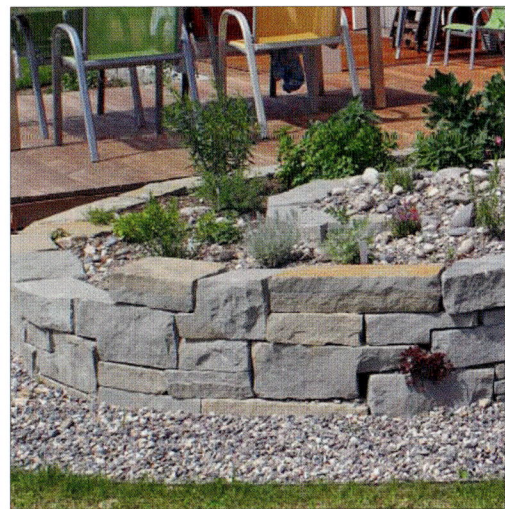

Duftkräuter am Sitzplatz

tronenthymian mit Ringelblumen oder Fleißigen Lieschen als Farbtupfer dazwischen. Auch Lavendel und Rosmarin eignen sich hervorragend als Randbepflanzung. Wenn das Beet breiter als 1 m ist, empfiehlt es sich, zwischen die Pflanzen Trittsteine zu legen, um Ernte und Pflege zu erleichtern.

Kräuter- und Blumenrabatte

Rosmarin kann stattliche Höhen erreichen und eine ansehnliche Hecke bilden.

Die Kräuterhecke

Für die Anlage niedriger bis halbhoher Hecken bieten sich einige verholzende Würz- und Duftkräuter an. Sie müssen allerdings regelmäßig ausgelichtet und zurückgeschnitten werden und sind in der Regel auch nicht sehr langlebig. Sobald sie beginnen zu verkahlen, muss man sie neu anlegen. Als Sichtschutz sind Kräuterhecken kaum geeignet, wohl aber als Beeteinfassung, Wegbegleitung und Gliederungselement im Garten. Mit Lavendel zum Beispiel lässt sich eine bis zu 1 m hohe, immergrüne Hecke anlegen, die – zwei- und dreireihig gepflanzt – besonders dicht wird. Zurückgeschnitten wird sie am besten nach der Blüte im Sommer. Bis zu 50 cm hoch wachsen Ysop und Weinraute. Rosmarin kann stattliche Höhen erreichen und ansehnliche Hecken bilden, eine Auspflanzung ins Freiland ist jedoch etwas problematisch, da die mediterrane Pflanze lange und harte Winter kaum übersteht. Auch die winterharten Kräuter sollte man letztmalig im Spätsommer schneiden, damit sich die neuen Triebe noch vor dem ersten Frost ausbilden können.

Der Kräuterweg

Auch die Ränder oder Fugen von gepflasterten Gartenwegen lassen sich dekorativ mit duftenden Kräutern bepflanzen. An den Rand setzt man höher wachsende Pflanzen wie Lavendel, Melisse und Fenchel. Für den begehbaren Teil eignen sich niedrige und trittfeste Bodendecker wie zum Beispiel der Feldthymian *(Thymus serpyllum)* mit roten, rosa oder weißen Blüten, der niedrige Gelbe Frauenmantel *(Alchemilla xantochlora)* oder die Römische Kamille *(Chamaemelum nobile)*, die zwar keine Blüten trägt, aber ihren Duft verströmt, wenn man auf sie tritt. Am besten passen Kräuter natürlich zu Wegen, die mit Natursteinen oder Kies angelegt wurden.

Die Ränder von gepflasterten Gartenwegen und -flächen lassen sich mit Duftkräutern bepflanzen.

Kräutergarten anlegen und gestalten

Mit ihren unterschiedlichen Wuchsformen, Blattfarben und -strukturen sowie aromatisch duftenden Blüten sind Kräuter nicht nur eine Augenweide. Sie verbinden darüber hinaus das Schöne mit dem Nutzen. Was liegt daher näher, als sie auch im Garten in vielfältiger Weise auf eigens für sie angelegten Pflanzflächen einzusetzen.

Kräuterauswahl

Sie wird in erster Linie durch den persönlichen Geschmack bestimmt. Dabei sollte nicht vergessen werden, dass bei einer gelungenen Bepflanzung immer ein ausgewogenes Verhältnis zwischen Form und Farbe herrschen sollte. Vor allem Farbe ist eines der Gestaltungsmittel, das die Atmosphäre des Kräutergartens maßgeblich beeinflusst und somit oft ausschlaggebend bei der Wahl und Gruppierung der Pflanzen ist.

Ob die Pflanzen im Kräutergarten gut wachsen, hängt ganz entscheidend von seiner Lage ab. Die meisten Kräuter, die heute in unseren Gärten gedeihen, waren ursprünglich im Mittelmeerraum beheimatet, wo heute noch Thymian, Lavendel und Rosmarin wild an heißen, sonnigen Plätzen wachsen. Nur unter intensiver Sonnenbestrahlung entwickeln sie den höchsten Gehalt an wertvollen Inhaltsstoffen und ätherischen Ölen. Deshalb muss für den Kräutergarten ein möglichst sonniger Platz (mit mindestens täglich 5 Stunden direkter Bestrahlung) gesucht werden.

Einige einheimische Kräuter wie zum Beispiel Minze, Petersilie, Liebstöckel und Beinwell fühlen sich aber auch im lichten Schatten wohl, da sie seit jeher ein kühleres und feuchteres Klima gewöhnt sind.

In der Regel holt man sich Kräuter als fertige Pflanzen oder zieht sie als Samen selbst heran. Kräftige Jungpflanzen und Saatgut sind in jedem Gartenfachhandel in reicher Auswahl erhältlich.

Bei der Gestaltung des Kräutergartens kann sich die Pflanzenauswahl an den für dieses Buch ausgewählten Kräutern orientieren.

Für den Kräutergarten muss ein möglichst sonniger Platz gefunden werden.

Der formale Kräutergarten

Dieser formale Kräutergarten vermittelt klassische Symmetrie.

Sein besonderer Reiz liegt in der friedvollen und harmonischen Atmosphäre, er vermittelt in klassischer Symmetrie das Gefühl von Intimität und wird zu einer Oase der Ruhe. Zuerst muss der Gesamteindruck des künftigen Kräutergartens festgelegt werden. Sollen natürliche Formen und sattes Grün überwiegen oder bevorzugt man eine eher „künstliche" Anordnung, bei der die festen Elemente (Wege, Mauern, Stufen) bewusst hervorgehoben werden. Vielleicht möchte man auch die Pflanzen selbst als formales Gestaltungsmittel (zum Beispiel in Form geschnittene Buchsbäumchen) einsetzen. Nur wenn alle Elemente, sowohl einzeln als auch zusammen, optimal zur Wirkung kommen, lässt sich das Ergebnis als gelungen bezeichnen. Man kann sich bei der Gestaltung auch den mittelalterlichen Klostergarten zum Vorbild nehmen. Geformt wird er von gerade verlaufenden Wegen aus Natursteinplatten bzw. Klinkern, die großflächig oder in Mustern verlegt werden. Sie ermöglichen einerseits einen bequemen Zugang zu den Kräutern und verhindern andererseits die Ausbreitung

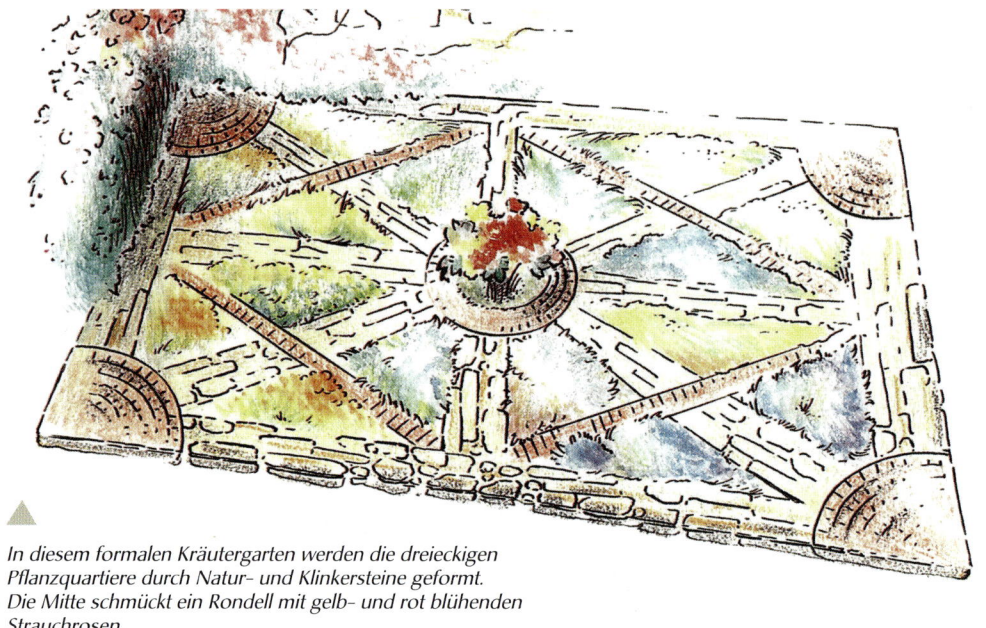

▲ In diesem formalen Kräutergarten werden die dreieckigen Pflanzquartiere durch Natur- und Klinkersteine geformt. Die Mitte schmückt ein Rondell mit gelb- und rot blühenden Strauchrosen.

wuchernder Arten. Zudem betonen sie die Geometrie der Gesamtanlage. In der Mitte bringt eine Skulptur oder Hochstammrose ein dekoratives Element in die Planung. Da es sich beim formalen Kräutergarten sozusagen um einen kleinen Garten im Garten handelt, kann man ihn nach außen hin optisch abschirmen zum Beispiel mit einer niedrigen Natursteinmauer oder einer Buchshecke.

Der formale Kräutergarten

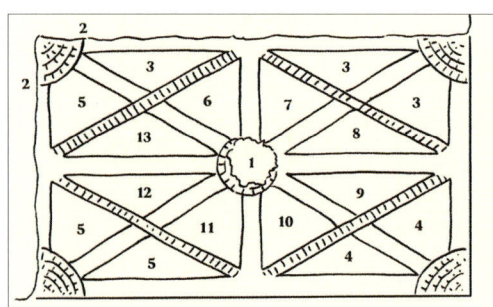

Bepflanzungsvorschlag:

1 Strauch- oder Hochstammrose
2 kletternde Wildrose
3 Gänseblümchen
4 Ysop
5 Ringelblume
6 Petersilie
7 Schnittlauch
8 Lavendel
9 Senf
10 Pfefferminze
11 Estragon
12 Weinraute
13 Liebstöckel

Der ornamentale Kräutergarten

Im eigenen Garten lässt sich sicher kein ornamental gestalteter Kräutergarten nach dem Vorbild fürstlicher Gartenanlegen realisieren, aber man kann sich bei der Gestaltung hier durchaus Anregung holen.

Auf kleineren Flächen lassen sich auch locker gestaltete Ornamente aus Dreiecken, Vierecken und Kreisen anlegen. Zur Linienführung verwendet man Klinker, Natursteinplatten oder Pflastersteine, kann aber auch niedrig wachsende Kräuter einsetzen. Diese müssen allerdings durch regelmäßigen Schnitt dicht und in Form gehalten werden. Die durch die Ornamentumrandung gebildeten Flächen werden mit Duft- und Küchenkräutern besetzt oder mit buntem Splitt aus dem Baustoffhandel, Kies oder Rindenmulch ausgelegt. Für die Anlage eines ornamentalen Kräutergartens muss jedoch vorab exakt geplant werden. Muster und Bepflanzung skizziert man auf Papier, Gartenbücher und Pflanzenkataloge können bei der Auswahl und Zusammenstellung der Pflanzen hilfreich sein. Dabei ist auf Wuchshöhe, Blattfarben und -struk-

Bei der Anlage eines ornamentalen Kräutergartens sind Planskizzen unerlässlich. Die einzelnen Linien werden entsprechend den Farben der Bepflanzung koloriert.

turen der einzelne Arten zu achten. Zum Anlegen der Muster auf den geplanten Flächen (die gründlich von Unkraut befreit und geglättet sein müssen) verwendet man ein einfaches Hilfsmittel. Mit einer an einem Holzpflock befestigten Schnur werden Kreise und Halbkreise gezogen und mit feinem Sand markiert. Das fertige Raster wird dann entsprechend der Skizze mit Pflanzen und Materialien gefüllt.

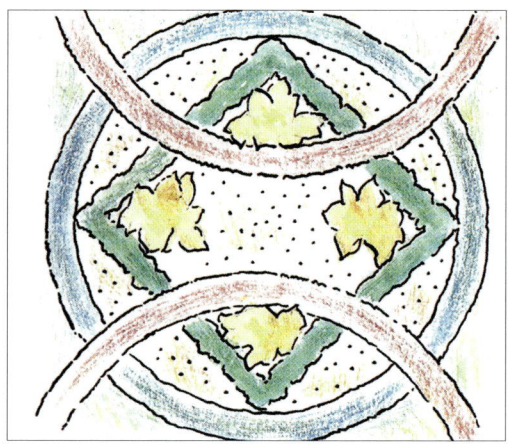

Den Blickpunkt in diesem aus drei Kräuterarten geflochtenen Arrangement setzt die mächtige Königskerze mit ihren leuchtendgelben Blüten.

Der ornamentale Kräutergarten

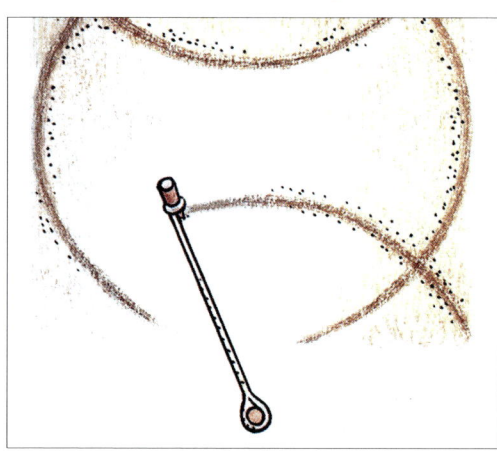

Nach dem Abstecken der Beetfläche werden mit Hilfe einer an einem Stock befestigten Schnur Kreise und Kreisbögen gezogen.

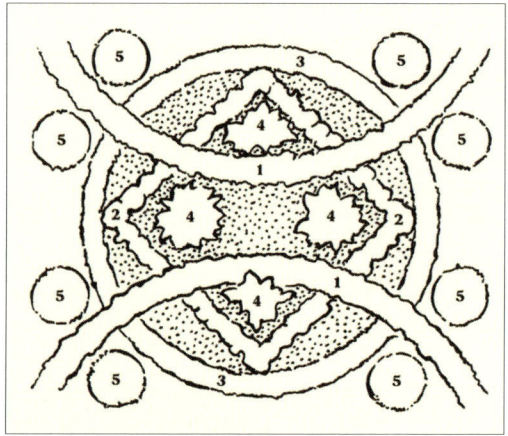

Bepflanzungsvorschlag:

1 Heidekraut
2 Petersilie
3 Lavendel
4 Königskerze
5 Kamille

Die Räume zwischen den Ornamentlinien können mit Kies, Rindenmulch oder eingefärbtem Splitt ausgelegt werden. Außerdem finden hier kleinwüchsige Würzkräuter Platz.

Die Kräuterrabatte

Diese Pflanzart ist den Würzkräutern vorbehalten, sie sollten in der Nähe des Hauses wachsen, damit man sie schnell zur Hand hat. Vor allem bei schlechtem Wetter ist der Weg durch den nassen Garten für ein Sträußchen Petersilie, ein wenig Schnittlauch oder ein paar Blättchen Majoran lästig. Eine Kräuterrabatte braucht nicht viel Platz und sieht dekorativ aus, ein weiterer Grund, sie in der Nähe der Terrasse anzulegen. Das Beet kann klein sein, damit man die Kräuter gut erreichen kann und man für einen normalen Haushalt von den meisten Gewürzkräutern nur ein oder zwei Pflanzen für die Küche braucht. Die Pflanzen müssen so angeordnet werden, dass die mehrjährigen, hohen Arten nicht nach einigen Jahren die niedrigen zu stark beschatten.

Legt man einen breiteren Streifen an, wird großzügig mit weiten Abständen gepflanzt, damit dazwischen noch Trittplatten gelegt werden können. Erstreckt sich die Rabatte längs eines Weges, ist zu bedenken, dass die Pflanzen ihn überwuchern können.

Als ansprechende Variante lässt sich eine Kräuterrabatte im Rautenmuster anlegen. Das Beet wird durch Schnitt flach gehaltenen Buchs, der die Fläche in einzelne Rauten einteilt, gegliedert. Die Einfassung sollte nicht höher als 20 cm sein, je kleiner das Beet, desto niedriger muss sie bleiben. An die Stirnseiten kann man Margeriten-Hochstämmchen, an die nach außen weisenden Rautenspitzen Buchskugeln setzen. Die Quadrate werden mit Kräutern gefüllt, hohe Arten in die Mitte gesetzt,

In dieser Kräuterrabatte liegen die einzelnen Pflanzflächen zwischen den rautenförmig gesetzten Buchsbordüren. Die Eckpunkte des Beets werden durch Margeriten-Hochstämmchen markiert.

Die Kräuterrabatte ist den Würzkräutern vorbehalten.

umringt von niedrigen Kräutern. Bei einer dichten Bepflanzung sollte man auch auf das farbliche Zusammenspiel von Blüten und Blättern achten und evt. einige Plätze für Sommerblumen aussparen, damit der Buchs nicht zu sehr dominiert. Ist genügend Platz, lassen sich die Zwischenräume mit Kies oder Rindenmulch auffüllen. Allerdings müssen dann wuchernde Kräuter in Schach gehalten und Kleinsträucher regelmäßig geschnitten werden.

Die Kräuterrabatte

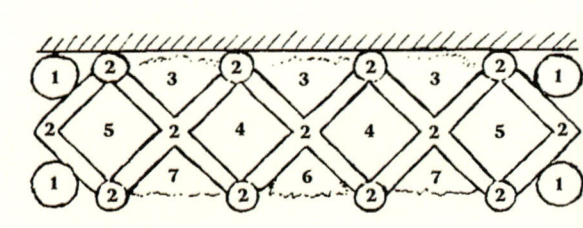

Bepflanzungsvorschlag:

1 Hochstammrosen oder Margeriten-Hochstämmchen
2 Buchskugeln und -bordüren
3 Fenchel
4 Origano
5 Majoran
6 Zitronenmelisse
7 Kamille

Die Kräuterspirale

Der kleine Teich am Fuß der Kräuterspirale speichert zusätzlich Wärme.

Die Kräuterspirale ist ein dreidimensionales Beet. Sie ermöglicht auf kleinstem Raum den Standortansprüchen von Pflanzen aus verschiedenen Klimazonen gerecht zu werden. Die Oberfläche der Kräuterspirale wird durch einen sich spiralig nach oben windenden Turm vergrößert, die Seitenwände dieses Turms werden durch Steine befestigt, die die Sonnenwärme speichern und an die Pflanzen abgeben. Den Fuß der Kräuterspirale bildet ein kleiner Teich, der zusätzlich Wärme speichert und reflektiert. Das sich nach oben windende Beet füllt man mit Gartenerde oder magerem Mischboden auf.

Eine Kräuterspirale kann im Frühjahr oder im Herbst angelegt werden und soll frei zur Sonne stehen. Eine harmonisch gestaltete Kräuterspirale braucht eine kreisrunde Grundfläche mit etwa 3 m Durchmesser und 1 m Höhe. Die Mauern werden beginnend vom Teich von außen nach innen aufsteigend gebaut. Verwendet man runde Natursteine, müssen die Zwischenräume mit Erde ausgefüllt werden. Der Raum zwischen den Mauern sollte etwa 60 cm breit sein. Der Teich kann mit Teichfolie ausgelegt werden, dann lässt er sich frei gestalten. Bei der Bepflanzung sind der Fantasie keine Grenzen gesetzt. Auf einer großzügig angelegten Kräuterspirale finden Heil-, Gewürz- und Wildkräuter Platz. Bei der Pflanzenauswahl für eine kleinere Kräuterspirale empfiehlt es sich, auf kleinwüchsige Sorten auszuweichen.

In dieser Anlage sorgen Frühlings- und Wildblumen sowie ein kleiner Teich mit Seerose für Farbtupfer. Höher wachsende Gehölze an der Nordseite bilden einen attraktiven Hintergrund.

Die Kräuterspirale

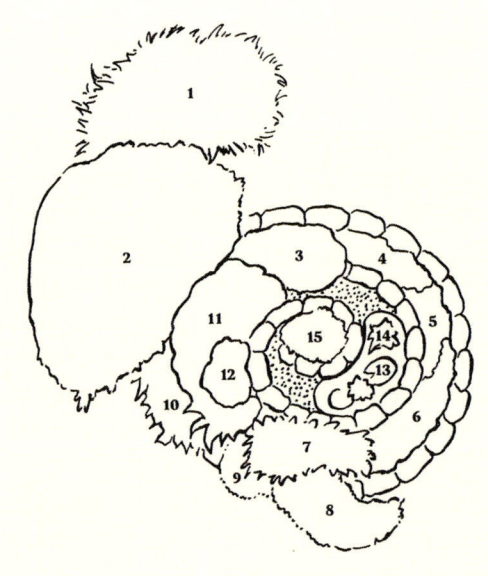

Bepflanzungsvorschlag:

1 Sanddorn
2 Holunder
3 Liebstöckel
4 Ringelblume
5 Salbei
6 Petersilie
7 Pfefferminze
8 Rosmarin
9 Hauswurz
10 Walderdbeere
11 Schwertlilie
12 Arnika
13 Seerose
14 Zwergbinse
15 Thymian

Das Kräuterrondell

Bei diesem Kräuterrondell werden die einzelnen Segmente durch Natursteine getrennt.

Das Kräuterrondell kommt in seiner Form gegliederten Kloster- und Bauerngärten sehr nahe. Bei der Anlage muss man vom Gewohnten abweichen. Man verzichtet zum Beispiel auf hoch wachsende Kräuter und pflanzt nur solche, die in der Wuchsform zusammenpassen sowie niedrige Arten, die sich auch als Einfassung anbieten. Die einzelnen Segmente teilt man mit Ziegeln oder Klinkersteinen ab. Sie dienen zugleich als Trittpfade. Auch Natursteinplatten oder Rindenmulch, Kies oder Split eignen sich hierfür. Ist der Durchmesser des Rondells größer als 1,5 m, empfiehlt es sich, einzelne Segmente mit Kies oder Splitt aufzufüllen, die Ernte und Pflege der Kräuter ist dann leichter. Ein großes Kräuterrondell hat einen Mittelpunkt. Hier kann ein Wassertrog, ein dekoratives Rosen-Hochstämmchen oder auch nur ein großer Stein als Sitzgelegenheit Platz finden. Diese Rondellform eignet sich zum Beispiel für eine Wegkreuzung oder als Dreiviertelsegment an den Außenkanten einer Terrasse. Im Gegensatz zur Kräuterspirale, bei der es auf Natürlichkeit ankommt, muss beim Kräuterrondell eine gewisse Ordnung eingehalten werden, damit die geometrische Form der Anlage als gestalterisches Element im Garten auch sichtbar wird.

Dieses Kräuterrondell ist mit Ziegelsteinen eingefasst. Als Trennelemente und Trittpfade zwischen den Segmenten dienen Eisenbahnschwellen. Alternativ dazu bieten sich Natursteinplatten, Rindenmulch oder Kies an. Die höchsten Gewächse stehen in einem zweiten, kleinen Rondell in der Mitte.

Das Kräuterrondell

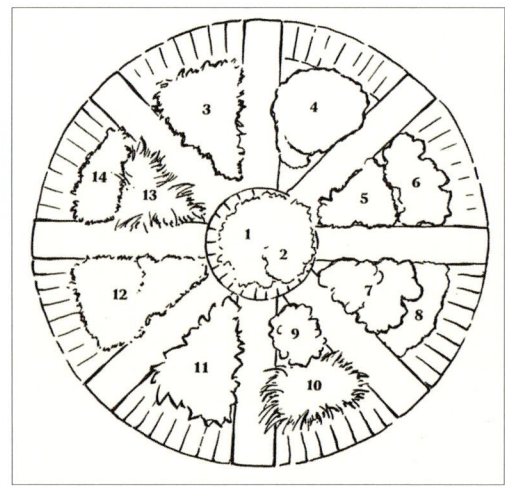

Bepflanzungsvorschlag:

1 Fenchel
2 Engelwurz
3 Beifuß
4 Rosmarin
5 Johanniskraut
6 Petersilie
7 Schafgarbe
8 Winterkresse
9 Ringelblume
10 Schnittlauch
11 Borretsch
12 Lavendel
13 Dill
14 Waldmeister

Der Kräuterhügel

Eine reizvolle Variante ist ein Kräuterhügel, der sogar mitten im Rasen platziert werden kann. Diese Anlage muss sich allerdings nach den Ausmaßen der ihn umgebenden Flächen richten, damit er nicht die Harmonie des Gartens stört. Der Erdhügel wird ringsum mit großen Natursteinen eingefasst und kann, mit verschiedenen Kräutern in schönen Farben und interessanten Formen bestückt, zu einem optischen Highlight im Rasen werden.

Um den Beetumfang festzulegen, schlägt man in die Mitte der vorhergesehenen Fläche einen Holzpflock und befestigt daran eine dem Radius des Beets entsprechende Schnur mit einem starken Nagel als Markierer. Entlang der Linie wird die Erde ein bis zwei Handbreit tief ausgehoben. Die Breite der Furche muss so bemessen sein, dass die unterste Steinlage gut hineinpasst. Damit die Steinblöcke fest liegen, bettet man sie auf eine Lage Sand. Je nach Stärke

Ein aus Natursteinen aufgeschichtetes Rundbeet ist ein Highlight im Garten. Das Lorbeerbäumchen auf der Hügelkuppe wird in einem Topf kultiviert, da es frostfrei im Haus überwintern muss.

des verwendeten Materials reichen in der Regel zwei bis drei Reihen aufeinander geschichteter Steine. Als Grundregel gilt: Je kleiner die umbaute Beetfläche, desto niedriger muss die Mauer sein. Während des Aufbaus gibt man eine Lage groben Kies als Dränage auf den Beetgrund. Dann folgt die Gartenerde, zuletzt das mit Kompost vermischte Pflanzsubstrat. Damit kein Wasser stehen bleibt, sollte der Hügel leicht zu den Seiten hin abfallen. Bei der Bepflanzung kann man sich auf die üblichen Küchenkräuter beschränken oder eine hübsche Kombination mit Steingartenpflanzen anlegen. Zwischen die Mauerfugen lassen sich Polsterstauden setzen, auf der Hügelkuppe sorgt ein Rosen-Hochstämmchen oder Lorbeerbäumchen für einen weiteren Blickpunkt.

Bepflanzungsvorschlag:

1 Lorbeerbaum
2 Petersilie
3 Origano
4 Frauenmantel
5 Küchenschelle
6 Kamille
7 Löwenzahn

Der Kräuterhügel

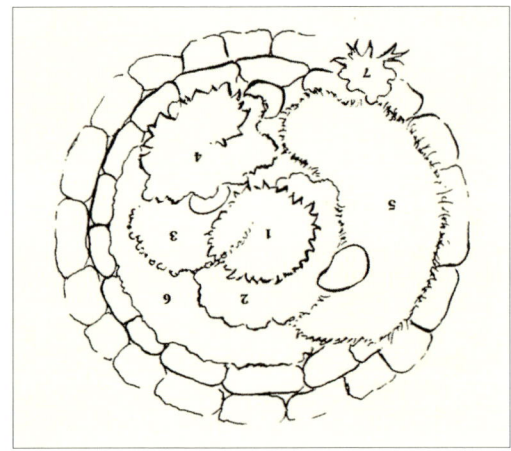

Ein Kräuterhochbeet

Ein Kräuterhochbeet ist eine Bereicherung für jeden Garten. Es lässt sich erheblich leichter als ein ebenerdiges Beet pflegen, da man sich nicht bücken muss und der Rücken entlastet wird. Darüber hinaus können Hochbeete ein Grundstück optisch gliedern und verschönern.

Wer ein Hochbeet anlegen bzw. bauen möchte, sollte zuerst einen Plan machen und sich über Höhe, Länge und Breite Gedanken zu machen. Auch der richtige Standort ist wichtig. Selbstverständlich muss auch das passende Material gefunden werden. Für die Rahmenkonstruktion eignet sich alles, was ausreichend stabil ist, vor allem Holz. Es sollten jedoch feste Holzbohlen verwendet werden, die dem Druck der Erde gut standhalten können. Auch Steine und Metall lassen sich gut verwenden. Ist die Planung abgeschlossen, wird die Größe des Hochbeets an geeigneter Stelle abgesteckt. Anschließend sollte die Erde ca. 25 cm tief ausgehoben

Betonringe lassen sich dekorativ für ein Kräuterhochbeet arrangieren.

werden. An den Ecken werden Holzpfähle aufgestellt, die entweder eingegraben oder eingeschlagen werden. Handelt es sich um ein langes Hochbeet, sollten auch in die Mitte Stützpfeiler gesetzt werden. An den Pfeilern kann nun das Baumaterial angebracht werden. Holzbohlen bzw. Metallplatten werden mit Schrauben an den Pfeilern befestigt. Für die Steinvariante ist dies natürlich nicht nötig. Hierfür muss jedoch ein Fundament gegossen werden, auf welchem die Steine dann gemauert werden. Bevor man beginnt, das Hochbeet zu füllen, sollte feiner Maschendraht auf dem Boden ausgelegt werden, der es vor Wühlmäusen schützt. Beim Befüllen ist darauf zu achten, dass die Schichten ca. 25 bis 30 cm stark sind. Unten wird mit grobem Material begonnen, abgeschlossen wird mit feinstem Material. Die unterste Lage besteht aus grobem Astschnitt, der nicht gehäckselt sein darf. Denn das würde den Verrottungsprozess beschleunigen und die dabei entstehende Wärme wäre rasch verbraucht. Zwischen und über diese Lage kommt Gartenerde. Darauf folgt eine 25 cm starke Schicht feuchtes Laub, das mit Erde abgedeckt wird. Zuletzt wird mit Kompost vermischter Gartenboden eingefüllt.

Ein Kräuterhochbeet

Ein Kräuterhochbeet

Die Rahmenkonstruktion des Kräuterhochbeets sollte sich harmonisch in die übrige Gartengestaltung einfügen. Legt man mehrere Hochbeete an, lassen sich bei der Bepflanzung unterschiedliche Akzente setzen. Man kann die Kräuter farblich kombinieren oder nach ihrer Verwendung zum Beispiel als Heil- oder Küchenkräuter auswählen.

Wegekreuz & Kräuteruhr

Das Wegekreuz aus dem Klostergarten hat bis heute Tradition in der Gartengestaltung.

Wegekreuz und Einfassungspflanzung stammen ursprünglich aus den Klostergärten und haben bis heute in der Gartengestaltung Tradition. Die Kreuzform mit einem meist kreisförmigen Mittelpunkt wirkt sehr geschlossen und harmonisch. Grundregel ist, dass vier Wege im Kreuz angeordnet werden, im Kreuzungspunkt sollte entweder ein rundes Beet mit einer Rosensäule oder auch ein Brunnen platziert werden. Ist die Anlage so groß, dass sich der Mittelpunkt als kleiner Platz gestalten lässt, können Bänke oder andere Sitzgelegenheiten aufgestellt werden. So wird der Kräutergarten zum kontemplativen Ort, an dem man Ruhe finden kann. Als Belag genügt Feinkies, was allerdings einen befestigten Unterbau mit wassergebundener Decke voraussetzt. Gute Alternativen sind Beläge aus großen Feldsteinen, Granit oder frostharten Tonplatten. Sie sind gegenüber einer Kiesdecke deutlich pflegeleichter, benötigen aber auch einen fachgerechten Unterbau, damit sie sich nicht unkontrolliert senken.

Bei der „Kräuteruhr" teilt man ein rundes Beet in 12 gleichgroße Segmente in Form von Kuchenstücken ein, die Trennungslinien dazwischen können mit schönen Kieselsteinen markiert werden. Wer viel Platz hat, kann die Kräuteruhr so groß anlegen, dass sie begehbar ist, also die Trennungslinien praktisch zu Trittpfaden werden. Diese lassen sich mit schönen Steinplatten oder Natursteinen auslegen. Der Fantasie und Kreativität sind hierbei keine Grenzen gesetzt. Eine weitere schöne Alternative ist das Bepflanzen eines großen, alten Wagenrads. Die Unterteilungen sind durch die Speichen bereits gegeben, es fehlt also nur noch die Bepflanzung.

Kräuter auf Balkon & Terrasse

Wer keinen Garten hat, der muss nicht auf frische Kräuter verzichten, denn ein kleines Kräutergärtchen hat auch in Kästen und Kübeln Platz. Damit die Kräuter auch auf engem Raum gedeihen, ist die Wahl des Standorts von besonderer Bedeutung. Anders als im Garten ist auf Balkon und Terrasse ein Ausweichen auf geeignete Plätze nicht möglich. Deshalb muss man sich bei der Auswahl der Pflanzen nach den vorgegebenen Licht- und Schattenverhältnissen richten. Ideal ist natürlich die Südlage. Bei Ost- und Westlage reicht jedoch in der Regel eine stundenweise volle Lichtausbeute aus.

Für die kleine, mobile Kräutersammlung lassen sich Gefäße aller Größen aufstellen. Kräuter in Kübeln können dekorativ in Stufen angeordnet werden, Pflanzgefäße aus Ton und Stein, in unterschiedlichen Größen und Formen, sind besonders geeignet. Grundsätzlich lassen sich alle ein- und mehrjährigen Kräuter in Schalen,

In Terracottatöpfen kommen auch Kräuter schön zur Geltung.

Töpfen und Trögen kultivieren. In größeren Gefäßen gedeihen sogar ausdauernde Kräuter wie Melisse, Estragon, Salbei und Ysop. Bohnenkraut, Kerbel, Kresse und Dill lassen sich in Kästen aussäen. Rosmarin und Lorbeerbäumchen verleihen dem mobilen Kräutergärtchen mediterranes Flair. Sie müssen allerdings im Winter ins Haus geholt werden. Generell ist zu bedenken, dass Pflanzen in Gefäßen sich nur begrenzt mit Wasser und Nährstoffen versorgen lassen. Eine durchlässige Erde und gute Dränage (Tonscherben oder eine Kieselschicht auf den Abzugslöchern) verhindern „nasse Füße". Nach dem Einwachsen sollten die Kräuter alle 4 Wochen mit organischem, flüssigem Dünger bzw. mit Kräuter- oder Kompostauszügen versorgt werden. Mehrjährige Kräuter muss man von Zeit zu Zeit umtopfen.

Kräuter auf Balkon & Terrasse

Auf Balkon und Terrasse lassen sich mit Kräutern bestückte Pflanzgefäße in verschiedenen Größen und Formen als gestalterische Elemente einsetzen.

Kräutergarten pflegen

Im Vergleich mit anderen Gartenpflanzen sind Kräuter ziemlich anspruchslos und wachsen am besten, wenn man sie weitgehend in Ruhe lässt. Da sie sich als kultivierte Pflanzen harmonisch in das Gesamtbild des Gartens einfügen sollen, sind Eingriffe von Gärtnerhand nötig. Denn auch Kräuter gedeihen und liefern Würze nur, wenn man ihren Ansprüchen gerecht wird.

Der Standort

Die meisten Kräuter brauchen viel Licht und bevorzugen einen sonnigen und warmen Platz, was nicht bedeutet, dass sie den ganzen Tag volle Sonne benötigen. Aber eine direkte Einstrahlung von mindestens 5 Stunden sollte gewährleistet sein. Besonders geeignet sind Plätze vor einer hellen Hauswand, an der die Sonnenwärme reflektiert und gespeichert wird. Als günstig erweisen sich auch südliche und westliche Hanglagen zum Beispiel an eine Terrasse angrenzend. Damit die Kräuter vor Wind und sonstigen Witterungseinflüssen geschützt sind, kann man sie durch die Pflanzung hoher Gewächse wie Sonnenblumen schützen. Vor allem Würz- und Duftkräuter entwickeln an einem dauerhaft sonnigen und warmen Standort ein intensives Aroma, was besonders dann ins Gewicht fällt, wenn man die Kräuter konservieren will. Die witterungsbedingte Duftentwicklung der Kräuter lässt sich im Garten wahrnehmen, wenn man das Kräuterbeet an einem sonnigen und einem regnerischen Tag einem „Geruchstest" unterzieht. Vor allem in der Wärme der Mittagssonne geben die Kräuter die in ihnen enthaltenen ätherischen Öle frei. Aus dem Mittelmeerraum stammende Kräuter wie Lavendel, Rosmarin, Thymian oder Zitronenmelisse sollten den sonnigsten und windgeschütztesten Platz im Garten bekommen. Zur Not kann man besonders wärmeliebende Pflanzen in Kübel oder Töpfe setzen und vor eine helle Hauswand oder Mauer stellen. Einige Kräuter wie Bärlauch, Petersilie, Pfefferminze oder Waldmeister gedeihen besser im Halbschatten oder auch im Schatten. Sie benötigen aber recht viel „Freiraum" und Luft um sich herum und sollten deshalb nicht durch andere Pflanzen eingeengt werden.

Die meisten Kräuter brauchen viel Licht.

Der Boden

> **Tipp**
>
> Steingärten oder speziell für Kräuter angelegte Trockenmauern können schwierige Bodenverhältnisse gut überbrücken

Vor dem Pflanzen muss häufig die Bodenstruktur mit Kompost, Steinmehlen, Lehm und Sand verbessert werden.

Generell gedeihen Kräuter am besten in einem lockeren, durchlässigen und humusreichen Boden. In einem nährstoffreichen, schweren Boden entwickeln die Pflanzen zwar ein üppiges Blattwerk, aber weniger Inhaltsstoffe und Duft. Hier muss der Boden durch Einarbeiten von Sand und Kompost aufgelockert werden. Die Struktur sehr durchlässiger und leichter Böden lässt sich ebenfalls mit Kompost und Zusatz vom Lehm verbessern. Leicht aufgestreute Steinmehle erhöhen die Krümelstruktur des Bodens. Wenn dieser aber stark verdichtet ist, sodass kein Wasser abfließen kann, ist eine Dränage im Untergrund unerlässlich. Hierzu muss das Erdreich tief aufgegraben und eine dicke Schicht grober Kies aufgebracht werden. Die „Südländer" unter den Kräutern sind in der Regel an trockene und steinige Böden gewöhnt und sollten daher im Garten auch einen entsprechenden Standort angeboten bekommen. Im Halbschatten oder im Schatten wachsende Kräuter mögen es zwar feucht, vertragen aber keine ständig nassen Füße. Eine tiefgründige Auflockerung des Bodens sorgt dafür, dass sich keine Staunässe bilden kann.

Kräuter aussäen & pflanzen

Wenn Standort und Boden stimmen, das Saat- und Pflanzgut einwandfrei und frisch ist sowie sachgemäß gesät und gepflanzt wird, sind die meisten Kräuter pflegeleicht und anspruchslos. Ehe man im Frühjahr oder Herbst aussät, muss die Saatfläche gut vorbereitet werden:

- Der Boden sollte gut mit Humus angereichert, unkrautfrei und feinkrümelig sein.
- Es sollte nicht auf mit Stallmist gedüngte Flächen gesät oder gepflanzt werden, da das Aroma der Kräuter dadurch beeinträchtigt wird.
- Es ist auf Licht- und Dunkelkeimer zu achten. Bei Lichtkeimern darf der Samen nur ganz wenig mit Erde bedeckt werden.
- Kälteempfindliche Arten zieht man am besten im Zimmer vor und pflanzt sie erst nach den Eisheiligen ins Freiland.
- Bis zum Aufgehen der Saat sollte die Fläche gleichmäßig feucht, nicht nass (!) gehalten werden.
- Vorgezogene oder vermehrte Kräuter werden ebenfalls im Frühjahr (April/Mai) oder Herbst (September/Oktober) gepflanzt.
- Da Stauden oder Halbsträucher über mehrere Jahre am gleichen Standort bleiben, sollte man wissen, wie viel Platz sie im Laufe der Zeit brauchen und beim Pflanzen einen entsprechenden Pflanzabstand einhalten.
- Die Jungpflanzen müssen gut angegossen und in den nächsten 3 Wochen gleichmäßig feucht gehalten werden, bis sie gut angewurzelt sind.

Entsprechend der Pflanzengröße werden Löcher ausgehoben und die Pflanzen in die Erde gedrückt.

Wässern

Im Allgemeinen vertragen die meisten Kräuter Trockenheit besser als Nässe. Eine Ausnahme machen heimische Kräuter wie Schnittlauch, Pfefferminze, Kümmel, Engelwurz, Beinwell, Liebstöckel, Petersilie und Borretsch, die einen tiefgründigen, feuchten Boden bevorzugen.

Aussaaten und junge Würzpflanzen müssen regelmäßig feucht gehalten werden. Wie oft ansonsten im Kräutergarten gewässert werden muss, das hängt von verschiedenen Faktoren, vor allem auch von der Witterung ab. Bei längeren Trockenperioden im Hochsommer müssen natürlich Schlauch und Gießkanne häufiger zum Einsatz kommen. Aber auch die Beschaffenheit des Bodens bestimmt, in welchen Abständen gegossen werden muss. Bei einem sandigen und durchlässigen Boden hält sich die Feuchtigkeit auch nach längeren Regenperioden nicht lange und man muss rechtzeitig für Nachschub sorgen. In einem humusreichen Boden finden die Kräuter immer noch ausreichend Restfeuchte im Untergrund. Dennoch sollte man stets darauf achten, dass die Pflanzen nicht welken und lieber rechtzeitig gießen.

Die meist robusten Kräuter vertragen normales Leitungswasser und nehmen auch bei einem etwas höheren Kalkanteil keinen Schaden. Allerdings sollte das Gießwasser nicht eiskalt sein, die von der Sonne angewärmten Blätter könnten mit einem Kälteschock reagieren. Am besten füllt man das Wasser in große Gießkannen ab, damit es sich erwärmen und Lufttemperatur annehmen kann. Bei genügendem Abstand zwischen den Kräutern kann man das Erdreich dazwischen gelegentlich hacken, um die Kapillarröhrchen im Boden zu verschließen. Dadurch wird die Verdunstung verringert und man muss seltener gießen. Generell wird reichlich gewässert – in der Regel 10 l/m².

Tipp

Gegossen wird möglichst am frühen Vormittag, damit die Wurzeln das Wasser bekommen, das sie brauchen, bevor ein Teil davon ungenutzt verdunstet. Wird am Abend gewässert, sollte das Laub nicht benetzt werden, damit es nicht feucht in die Nachtkühle geht.

Kräuter wässert man am besten mit der Gießkanne.

Düngen

Was die Nährstoffversorgung angeht, sind Kräuter sehr anspruchslos. In einem guten, humusreichen Boden genügt es, wenn im Frühjahr reifer Kompost zwischen den Kräutern aufgebracht und in die oberste Erdschicht eingearbeitet wird. Nur starkwüchsige Pflanzen wie Liebstöckel, Schnittlauch, Beinwell und Engelwurz vertragen hin und wieder eine Zusatznahrung. Hier eignen sich am besten Hornspäne, Knochen- und Blutmehl oder im Handel erhältliche organische Dünger, die um die Pflanzen herum ausgestreut und in die Erde eingeharkt werden. Mineralische Dünger sollten nur dann verabreicht werden, wenn die Pflanzen Mangelerscheinungen (vor allem an Stickstoff) zeigen zum Beispiel durch nachlassendes Wachstum und klein bleibende, verblassende Blätter. Bei der Nährstoffversorgung gilt der Grundsatz: eher zu wenig, als zu viel! Denn eine Überversorgung macht die Pflanzen anfällig für Krankheiten und mindert Aroma und Würzkraft.

Tipp

Im Sommer kann man eine kleine Portion stark verdünnte Brennnesseljauche (1:20) direkt in den Wurzelbereich (niemals über die Blätter!) gießen, denn der Jauchegeruch könnte sonst eine Zeitlang den Genuss der Würze und des Aromas verderben.

In einem humosen Boden werden die Kräuter auch ohne Zusatzdünger satt.

Kräuter in Kübeln pflegen

Die meisten Kräuter eignen sich auch für die Pflanzung in Kübeln, Kästen und Töpfen. In größeren Pflanzgefäßen gedeihen sogar ausdauernde Kräuter wie Zitronenmelisse, Estragon, Ysop und Salbei. Dill, Bohnenkraut, Kerbel und Kresse können in Kästen ausgesät werden. Auch in Hängeampeln lassen sich Kräuter einsetzen. Entscheidend für das Wohlbefinden der Pflanzen ist das richtige Substrat. Besonders geeignet ist ein Gemisch aus Rinde, Torf und Sand, das sich sowohl für Kübel und Töpfe, als auch für Hängeampeln eignet. Rinde speichert das Wasser und schützt somit vor Austrocknung.

Als Dünger empfiehlt sich flüssiger Meeresalgendünger. Er enthält kleine Mengen an Stickstoff, Phosphor, Kalium sowie Spurenelemente. Meeresalgendünger wird leicht von den Pflanzen aufgenommen, sie lassen sich auch damit einsprühen. An Pflegemaßnahmen ist folgendes zu beachten:

- Im Frühling sollten die Kräuter in größere Gefäße umgetopft werden. Unkraut und abgestorbene Blätter werden entfernt. Bei einer mehrjährigen Pflanze schneidet man die Spitzen ab, um neues Wachstum zu fördern. Damit das Gießwasser gut abfließen kann, gibt man Kiesel als Dränage in das Gefäß. Sobald die Pflanzen austreiben, wird gedüngt.
- Im Sommer kommt es vor allem auf die richtige Bewässerung an, die Pflanzen dürfen nicht vollständig austrocknen. Die Blüten werden abgeschnitten, von Schädlingen befallene Blätter entfernt. Einmal pro Woche wird gedüngt.
- Im Herbst stutzt man die mehrjährigen Pflanzen. Unkraut wird entfernt und die obere Substratschicht erneuert. Nun wird auch weniger gegossen. Frostempfindliche Kräuter holt man rechtzeitig ins Haus.
- Im Winter müssen alle Kübelpflanzen vor Frost geschützt und in einen kalten Raum gestellt werden. Man gießt nur noch, wenn es unbedingt nötig ist.

Auch bei Kräutern in Kübeln muss auf einen sonnigen Standort geachtet werden.

Pflanzenschutz

Grundsätzlich kommt für den Kräutergarten der Einsatz von chemischen Pflanzenschutzmitteln nicht in Frage. Würzkräuter werden täglich frisch für den sofortigen Verbrauch geerntet und müssen natürlich völlig frei von Schadstoffen sein. Allerdings sind Kräuter auch wenig anfällig für Schadstoffe und werden kaum von Krankheiten befallen, da ihre besonderen Inhaltsstoffe ihnen einen natürlichen Schutz geben. Kräuterauszüge werden ja auch im Garten als vorbeugende und heilende Mittel gegen Schädlinge und Krankheiten eingesetzt. Im Kräutergarten empfehlen sich überwiegend mechanische Pflanzenschutzmaßnahmen. Bei rost- und mehltaubefallener Minze und Melisse führt zum Beispiel ein kräftiger Rückschnitt zu einem gesunden Neuaustrieb. Zur Bekämpfung von Blattläusen und weißer Fliege kann man Gelbtafeln aufhängen. Treten doch einmal vermehrt Schädlinge oder Krankheiten auf, die sich durch Absammeln bzw. Entfernen befallener Pflanzenteile nicht beseitigen lassen, sind im Fachhandel ungiftige, nützlingsschonende Mittel erhältlich.

Zu jedem Kräutergarten gehört eine Kräutertonne, um Kräuterabfälle zu sammeln und diese mit Wasser für Kräuterjauchen und -brühen anzusetzen. Die bekanntesten Kräuter für gezielte Schutzmaßnahmen sind Brennnessel, Schachtelhalm, Beinwell und Rainfarn. In der Regel wird 1 kg Grünmasse handlang geschnitten und in Bottichen oder Fässern in 10 l Wasser (möglichst Regenwasser) angesetzt. Nach 24 Stunden ist der Kräuterauszug spritzfertig und kann unverdünnt eingesetzt werden.

Tipp

Ein Kräutertee zur Pflanzenstärkung wird durch Überbrühen von frischen und getrockneten Kräutern mit kochendem Wasser hergestellt. Auch die Rückstände von Trink-Kräutertees lassen sich nach nochmaligem Überbrühen verwenden.

Ansetzen einer Kräuterbrühe

Vermehrung

Da es bei den Kräutern ein-, zwei- und mehrjährige Arten gibt, können die Pflanzen sowohl auf geschlechtlichem (generativem) Wege über die Aussaat, als auch auf ungeschlechtlichem (vegetativem) Wege durch Wurzelteilung, Ausläufer, Stecklinge oder Absenker vermehrt werden.

Aussaat

Die meisten Kräuter lassen sich aus Samen heranziehen. Alle Kräuter können ab Mitte Mai direkt ins Freiland ausgesät werden. Für kälteempfindliche Arten wie Basilikum, Lavendel, Majoran, Rosmarin, Salbei, Thymian und Ysop empfiehlt sich eine warme Anzucht auf der Fensterbank. Kälteunempfindliche Arten wie Petersilie, Borretsch, Dill, Kerbel, Kresse und Kümmel kann man auch bereits im März/April, wenn sich der Boden schon ein wenig erwärmt hat, ins Freie säen.

Auch mehrjährige Kräuter lassen sich natürlich durch Aussaat vermehren. Da aber in den meisten Fällen von ihnen 1 bis 2 Pflanzen als Würzkräuter für einen Haushalt ausreichen, werden mehrjährige Kräuter in der Regel auf vegetativem Weg vermehrt, zumal auf diese Weise schneller mit kräftigen, großen Pflanzen zu rechnen ist. Für die Aussaat von mehrjährigen Kräutern direkt ins Freiland sollte man ein Saatbeet angelegen. Hier werden die Pflänzchen wie in einem Anzuchtkasten auf der Fensterbank unter einer Folie herangezogen und dann bei ausreichender Größe an den endgültigen Standort gesetzt. Direktsaat ins Freiland – am besten in Reihen – empfiehlt sich dort, wo die Kräuter für sich alleine auf einem Beet stehen. Einige Kräuter bietet der Gartenfachhandel auch in Form von Saatbändern an. Hier sind die Samenkörner bereits im richtigen Abstand eingelegt. Vor dem Auslegen müssen die Bänder nur noch gründlich gewässert werden.

Man mischt zunächst die Samen mit Sand und streut dann die Mischung in die Saatrille.

Die Saatbänder schneidet man auf die vorgegebene Beetlänge zu.

Anzucht von Jungpflanzen aus feinem Saatgut

1. Eine flache Schale wird bis 1 cm unter den Rand mit Anzuchterde gefüllt. Die Samen werden auf das angefeuchtete Substrat gestreut.

3. Mit einem Brettchen oder kleinen Holzstück drückt man die Erde leicht an.

2. Anschließend deckt man die Samen mit gesiebter Erde oder feinem Kompost ab.

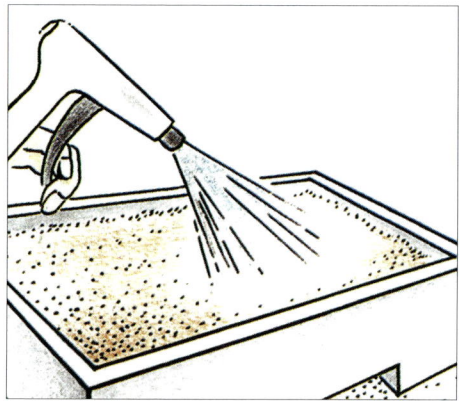

4. Nach dem Befeuchten stellt man die Anzuchtschale an einen hellen, warmen Platz und deckt sie mit einer Glasscheibe oder Klarsichtfolie ab, um die Verdunstung zu verringern.

Sobald die ersten grünen Spitzen erscheinen, muss jedoch regelmäßig gelüftet werden, damit es nicht zu Fäulnis kommt. Sind die Pflänzchen etwas herangewachsen, kann man die Abdeckung ganz entfernen. Während des Keimvorgangs und auch danach muss man das Substrat leicht feucht halten.

Anzucht von Jungpflanzen im Torfquelltopf

Aufgrund seiner guten wasserspeichernden Eigenschaften ist Torf hervorragend für die Jungpflanzenanzucht geeignet. Torfquelltöpfe bestehen aus Torf, der in ein dünnes Plastiknetz gepresst ist. Beim Kauf sind sie plattgepresst und ähneln einer Tablette mit einem Durchmesser von 4 cm. Man übergießt diese mit einer halben Tasse warmem Wasser. Sie quillt dann schnell auf und erhält ihre eigentliche Form und ihr Volumen. Überschüssiges Wasser nach dem Quellvorgang sollte unbedingt abgegossen werden. Es empfiehlt sich, das Netz der Quelltöpfe an der Oberseite ein wenig zu öffnen. Mit einem Pikierstab drückt man kleine Vertiefungen in das Substrat. Dann können die Pflanzensamen ausgesät werden. Während des Wachstums müssen die Torfquelltöpfe feucht gehalten werden, Staunässe ist aber unbedingt zu vermeiden. Wenn die Sämlinge genügend Wurzeln gebildet haben, kann man sie samt dem Torfquelltopf ins Freiland auspflanzen. Die Wurzeln durchdringen mit der Zeit das Plastiknetz und der Topf baut sich biologisch ab.

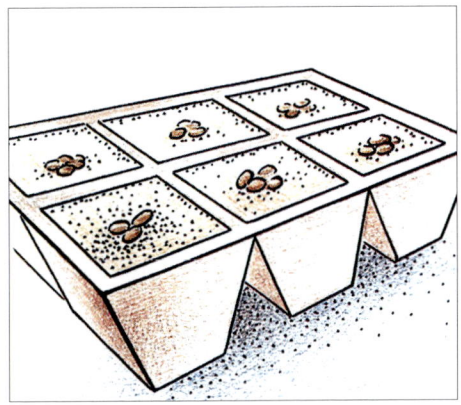

1. Drei oder vier Samenkörner werden in einen Torquelltopf gelegt.

*2. Unter optimalen Bedingungen beginnt die Keimung nach einer Woche. Nach dem Aufgehen kneift man
die schwächsten Sämlinge ab.*

3. Die verbleibende Pflanze wird nach den Eisheiligen mitsamt dem Topf ins Beet gesetzt.

Stecklinge

Auch staudig oder halbstrauchartig wachsende Kräuter lassen sich relativ einfach vermehren. Man schneidet im Juli/August von nicht blühenden und gesunden Trieben ca. 10 cm lange Kopfstecklinge ab. Jeder Steckling sollte mindestens 3 Blattpaare haben. Die Stecklinge werden nun bis zum ersten Blattansatz in ein Torf-Sandgemisch gesteckt und vorsichtig angegossen. Eine Abdeckhaube sorgt für gleichmäßige Luftfeuchtigkeit. Treibt der Steckling neu aus, ist dies ein Zeichen dafür, dass er angewurzelt ist. Jetzt wird die Abdeckung entfernt und regelmäßig gegossen, aber nicht zu viel, damit die neuen Würzelchen nicht faulen. Im September/Oktober können dann die Jungpflanzen am vorgesehen Standort ausgepflanzt werden.

2. Die Schnittstelle kann in Bewurzelungspulver getaucht werden.

1. Man schneidet etwa 10 cm lange Stecklinge.

3. Anschließend setzt man die Stecklinge in ein Sand-Torf-Gemisch und deckt ab.

Teilung

Einige ausdauernde Staudenkräuter wie Estragon, Origano, Schnittlauch und Zitronenmelisse lassen sich am einfachsten im Frühjahr oder Herbst durch Teilung des Wurzelstocks vermehren. Relativ kleine Stauden können durch einfaches Auseinanderziehen des Wurzelsystems geteilt werden. Größere Stauden haben auch ein stärkeres, oftmals fest ineinander verflochtenes Wurzelsystem und lassen sich nur mit Hilfe von zwei Grabgabeln oder mit einem Spaten teilen. Vor dem Einsetzen der Teilstücke schneidet man beschädigte oder abgestorbene Wurzeln ab. Nach dem Einpflanzen muss reichlich gewässert werden. Durch Teilung des Wurzelstocks werden zudem ältere Stauden verjüngt, die aus der Mitte heraus zu verkahlen beginnen und im Wachstum nachlassen.

Kleinere Stauden hebt man mit der Grabgabel heraus (oben) und reißt vorsichtig mit den Händen das Wurzelgeflecht auseinander (unten).

Größere Staudenkräuter wie Estragon lassen sich mit einem gezielten Spatenstich teilen.

1. Ein langer, bodennaher Trieb wird heruntergebogen und in der Mitte entblättert.

Absenker

Bei dieser einfachen Vermehrungsmethode wird ein möglichst langer, bodennaher Trieb auf den Boden heruntergebogen, mit einem Haken in einer Mulde festgesteckt und dort mit Erde bedeckt. Sobald sich neue Wurzeln entwickelt haben, trennt man den Absenker ab und setzt die neue Pflanze an den vorgesehenen Platz. Durch Absenker lassen sich gut Bergminze, Majoran, Salbei, Thymian, Ysop und Winterbohnenkraut vermehren.

2. Man befestigt den Trieb mit einem Haken in einer kleinen Mulde und deckt mit Erde ab.

Bewurzelte Jungpflanzen werden von der Mutterpflanze abgestochen.

3. Nach der Bewurzelung wird der Absenker abgetrennt und am neuen Standort eingepflanzt.

Wurzelausläufer

Einige Kräuter wie Estragon, Pfefferminze und Waldmeister bilden Wurzelausläufer, die sich unterirdisch verbreiten, sodass die Pflanze rasch große Flächen bedeckt. Wenn man mit einem Spaten die Ausläufer zusammen mit den grünen Trieben absticht, gewinnt man neue Pflanzen für andere Standorte und hat zugleich die Mutterpflanze wieder in Form gebracht. Werden vor dem Einsetzen des Ausläuferstücks die grünen Triebe etwas eingekürzt, wächst die Pflanze schneller an. Der günstigste Zeitpunkt ist das Frühjahr.

Über-winterung

> **Tipp**
>
> Deckt man Petersilie mit Fichtenreisig ab oder übertunnelt sie, behält sie ihre Blätter länger und liefert bis weit in den Dezember hinein frische Würze für die Küche.

Die meisten der Würzkräuter können im Freien überwintern. Rosmarin und Lorbeer darf man allerdings nur in milden Wintern an einem windgeschützten Platz im Garten lassen. Es empfiehlt sich jedoch, sie bei strengerem Frost ins Haus zu holen und in einen hellen, kühlen (ca. 6–10 °C Raum) zu stellen. Viele mediterrane Kräuter oder Halbsträucher wie Bergbohnenkraut, Estragon, Fenchel, Origano, Salbei und auch Thymian kommen mit den Wintertemperaturen in unseren Breitengraden nicht immer problemlos zurecht. Man sollte deshalb im Herbst Reisig bereit legen, um die Pflanzen bei strengen Frösten abzudecken. Beifuß, Liebstöckel, Petersilie, Schnittlauch, Sauerampfer und Tripmadam kommen ohne Winterschutz aus. Wer auch im Winter stets frisches Grün für die Küche ernten will, holt einige der Kräuter im Herbst ins Haus, wo sie sich in einem mäßig warmen und hellen Raum gut halten. Ob es gelingt, Kräuter im Haus zu ziehen, hängt nicht zuletzt vom richtigen Händchen bei der Pflege ab. Standort, Licht und Lufttemperatur müssen den Ansprüchen der Pflanzen genügen und es darf weder zu viel, noch zu wenig gegossen werden.

Viele mediterrane Kräuter müssen bei strengem Frost z.B. mit Fichtenreisig abgedeckt werden.

Kräuter im Überblick

Deutscher und botanischer Name	Freilandaussaat/ Pflanzung	Standort	Ernte
Einjährige Kräuter			
Dill *Anethum graveolens*	ab IV in Folgesaaten	sonnig	Blätter fortlaufend bis zum Herbst; Blütenstände ab Blühbeginn; Samen
Kerbel *Anthriscus cerefolium*	III bis IV	sonnig bis halbschattig	junge Blätter, fortlaufend
Schnittsellerie *Apium graveolens*	ab Mitte V	sonnig bis halbschattig	Blätter fortlaufend
Borretsch *Borago officinalis*	IV bis VI	sonnig bis halbschattig	junge Blätter fortlaufend
Kamille *Chamomilla recutita*	IV bis VI	sonnig halbschattig	Blüten bis IX
Koriander *Coriandrum sativum*	Ende III bis Anfang IV	sonnig bis halbschattig	Samen (Früchte)
Kresse *Lepidum sativum*	ab III in Folgesaaten	sonnig bis schattig	junge Blätter fortlaufend
Winterportulak *Montia perfoliata*	IV oder VIII bis IX	sonnig bis halbschattig	junge Blätter fortlaufend
Basilikum *Ocimum basilicum*	ab Mitte V	sonnig	Blätter und junge Triebe, den ganzen Sommer über
Bohnenkraut *Satureja hortensis*	ab Mitte Mai	sonnig	Blätter den ganzen Sommer über
Majoran *Origanum majorana*	ab Mitte V	sonnig	Triebspitzen und Blätter fortlaufend
Bohnenkraut *Satureja hortensis*	ab Mitte V	sonnig	Blätter den ganzen Sommer über
Weißer Senf *Sinapis alba*	III bis V	sonnig	junge Blätter fortlaufend; Samen ab VII bis VIII
Kapuzinerkresse *Tropaeolum majus*	ab Mitte V	sonnig	Blätter und Blüten fortlaufend
Zweijährige Kräuter			
Kümmel *Carum carvi*	III bis IV	sonnig bis halbschattig	Samen VI bis VII im 2. Jahr
Löffelkraut *Cochlearia officinalis*	III bis IV oder VIII bis IX	sonnig	frische Blätter ganzjährig
Petersilie *Petroselinum crispum*	April/Mai oder Juli/August	sonnig bis halbschattig	Blätter ab Juni bis zur Blüte
Ausdauernde Kräuter			
Schafgarbe *Achillea millefolium*	April/Mai	sonnig	während der Blüte junge Blätter; ganzes Kraut zum Trocknen
Knoblauch *Allium millefolia*	Stecken der Zehen im Frühjahr oder Herbst	sonnig bis halbschattig	Knolle im Frühjahr oder Sommer nach dem Stecken

Deutscher und botanischer Name	Freilandaussaat/ Pflanzung	Standort	Ernte
Ausdauernde Kräuter			
Schnittlauch *Allium schoenoprasum*	III bis IV	sonnig bis halbschattig	Röhrenblätter fortlaufend
Bärlauch *Allium ursinum*	Aussaat VIII bis II	schattig	frische Blätter bis kurz vor der Blüte
Engelwurz *Angelica archangelica*	Aussaat ab III	halbschattig	frische Blätter ab V; Samen und Wurzeln im Herbst
Meerrettich *Amoracia rusticana*	Pflanzen von Wurzelstücken im Frühjahr	halbschattig bis schattig	Wurzeln Sommer bis Herbst
Wermut *Artemisia absinthium*	Pflanzung im Frühjahr	sonnig	fortlaufend junge Blätter
Eberraute *Artemisia abrotanum*	Pflanzung ab Mitte V	sonnig	junge Triebspitzen den ganzen Sommer über
Beifuß *Artemisia vulgaris*	Aussaat V	sonnig	junge Blätter bis zur Blüte; Blütenknospen
Fenchel *Foeniculum vulgare*	Aussaat III bis IV	sonnig	Blätter fortlaufend; halbreife Früchte ab dem 2. Jahr
Ysop *Hyssopus officinalis*	ab Mitte V	sonnig	Blätter fortlaufend
Lavendel *Lavandula angustifolia*	ab Mitte V	sonnig	zarte Triebspitzen im Sommer
Liebstöckel *Levisticum officinale*	Aussaat III bis IV; Pflanzung von Wurzelstücken	sonnig bis halbschattig	Blätter fortlaufend; Wurzelstücke im Frühjahr oder Herbst
Zitronenmelisse *Melissa officinalis*	Pflanzung im Frühjahr	sonnig bis halbschattig	Blätter fortlaufend
Echte Pfefferminze *Mentha x piperita*	Pflanzen der Wurzelableger im Frühjahr	sonnig bis halbschattig	Blätter fortlaufend
Origano *Origanum vulgare*	Aussaat IV bis V	sonnig	Triebspitzen fortlaufend
Rosmarin *Rosmarinus officinale*	Pflanzung nur im Kübel	sonnig	Triebspitzen den ganzen Sommer über
Weinraute *Ruta graveolens*	IV	sonnig	junge Blätter fortlaufend
Salbei *Salvia officinalis*	ab V	sonnig	junge Blätter fortlaufend
Pimpinelle *Sanguisorba minor*	IV bis V	sonnig	junge Blätter fortlaufend
Bergbohnenkraut *Satureja montana*	IV bis V	sonnig	Blätter ganzjährig
Tripmadam *Sedum reflexum*	Samen im zeitigen Frühjahr	sonnig	Triebspitzen (nicht blühend) das ganze Jahr über
Beinwell *Symphytum officinale*	Pflanzung von Wurzelstücken im Frühjahr	halbschattig	frische Blätter vom Frühjahr bis zum Herbst
Thymian *Thymus vulgaris*	ab IV	sonnig	junge Blätter bis zum Herbst
Brennnessel *Urtica dioica*	Pflanzung von Wurzelstücken im Frühjahr	sonnig bis halbschattig	junge Blätter fortlaufend

Kräuter im Überblick

Kräuter von A bis Z

Gewürz- und Küchenkräuter werden eingeteilt in ein-, zwei- und mehrjährige Kräuter. Einjährige Kräuter werden im Frühjahr ausgesät, sind im Sommer erntereif und sterben mit Frosteintritt ab. Bei zweijährigen Kräutern erstreckt sich die Wachstumszeit über zwei Vegetationsperioden. Bei mehrjährigen bzw. ausdauernden Kräutern sterben die grünen Teile der Pflanze über den Winter ab, sie treibt aber im Frühjahr wieder neu aus.

Was der Kräutergärtner wissen sollte

Im botanischen Sinne sind unter Kräutern kurzlebige, nicht verholzende Gewächse zu verstehen. Die Bezeichnung „Kräuter" hat sich für alle heilkräftigen und würzenden Pflanzen in der Pflanzenheilkunde und Küche eingebürgert. Kräuter werden je nach ihrer Lebensdauer in ein-, zwei- und mehrjährige bzw. ausdauernde Pflanzen eingeteilt. Bei den Würzkräutern kommen noch zwiebel- und lauchartige Pflanzen hinzu.

Einjährige Kräuter
Bei ihnen erfolgen Keimung, Blüte und Samenreife im Verlauf einer Vegetationsperiode. Spätestens beim ersten Frost stirbt die gesamte Pflanze ab. Ihr Fortbestand wird durch einen reichen Samenansatz gesichert. Zu den einjährigen Kräutern zählen u.a. Basilikum, Dill, Kerbel, Kresse, Majoran.

Zweijährige Kräuter
Die zweijährigen Kräuter entwickeln im ersten Jahr Blätter und Triebe. Dann überwintern die Pflanzen und bilden im Folgejahr Blüten und Samen aus. Zu den zweijährigen Kräutern gehören u.a. Kümmel, Petersilie und Löffelkraut.

Mehrjährige bzw. ausdauernde Kräuter
Bei den mehrjährigen Kräuter setzt das Blühen und Fruchten sofort, aber oft auch erst nach einigen Jahren ein, wiederholt sich dann aber jedes Jahr aufs Neue. Zu den ausdauernden Kräutern werden Stauden und Halbsträucher gezählt z.B. Bärlauch, Beifuß, Beinwell, Bergbohnenkraut, Brunnenkresse, Estragon, Fenchel, Knoblauch, Lavendel und Liebstöckel.

Geschützte Kräuter
Wer zur Ergänzung der Heil- und Würzkräuter in seinem Kräutergarten Pflanzen in der freien Natur sammeln will, muss sich zuvor vergewissern, ob diese nicht unter Naturschutz stehen. In so genannten „Roten Listen" sind gefährdete Pflanzen ausgewiesen. Als Alternative kann der Kräuterliebhaber diese geschützten, seltenen Arten in Gärtnereien beziehen und sie im eigenen Kräutergarten ansiedeln, der auf diese Weise sogar zu einem Rückzugsgebiet gefährdeter Pflanzen werden kann.

Geschützte Kräuter

Achillea millefolium

Gemeine Schafgarbe

Kultivierung: Die widerstandsfähige Pflanze braucht einen sonnigen Platz mit mäßig feuchtem, nährstoffreichem Boden. Die Aussaat erfolgt am besten im Frühjahr. Die Pflanze ist ein Lichtkeimer, deshalb werden die Samen nur ganz leicht mit Erde abgedeckt. Die wuchsfreudige Schafgarbe bildet viele Wurzelausläufer in nur einem Sommer. Um ein unkontrolliertes Ausbreiten zu verhindern, teilt man den Wurzelstock im Frühjahr oder zu Herbstbeginn und pflanzt die Teile an geeigneter Stelle wieder aus. Das Kraut ist der „Pflanzendoktor" im Garten. Die Absonderungen seiner Wurzeln erhöhen die Resistenz anderer Pflanzen, die in seiner Nähe wachsen gegen Krankheiten.

Die Schafgarbe ist auf der ganzen Welt zu finden. Sie wächst auf Ödland ebenso wie auf Weiden und Wiesen. Die zweijährige buschige, aromatisch riechende Staude aus der Familie der Korbblütler wird 40–90 cm hoch. Aus dem kriechenden Wurzelstock entwickeln sich zuerst Laubblattrosetten und danach die Blütentriebe. Die Blätter sind wechselständig, doppelt oder dreifach fiederspaltig, die Blütenstände in einer rispigen Scheindolde angeordnet. Die Scheibenblüten der Köpfchen sind weiß, die Zungenblüten weiß, rosa oder rot gefärbt. Blütezeit ist von Juni bis Oktober.

Ernte: Zum Sofortverbrauch in der Küche verwendet man nur frische junge Blättchen. Für die Zubereitung von Tees wird das ganze blühende Kraut geerntet, indem man es handbreit über dem Boden abschneidet. Dann wird es gebündelt und an einem schattigen, luftigen Ort zum Trocknen aufgehängt.

Verwendung: Die frischen Blättchen passen zu Suppen, Eintöpfen und Salat und werden frisch auf die angerichtete Speise aufgestreut. Sparsam dosiert schmecken sie auch zu Quark. Schafgarbentee hilft bei leichten Magen- und Darmbeschwerden.

Alchemilla

Frauenmantel

Der Frauenmantel ist in den Bergen Europas, Asiens und Amerikas beheimatet. Die ausdauernde Pflanze aus der Familie der Rosengewächse ist sowohl an feuchten Plätzen, als auch in trockenen, schattigen Wäldern zu finden. Der Frauenmantel hat einen kräftigen, verholzten Wurzelstock. Die 50 cm langen, hellgrünen Stängel sind rötlich überlaufen und verzweigen sich stark. Die großen, behaarten, kreisrunden Blätter sind handförmig gelappt und erinnern an einen weiten, fächerförmigen Mantel. Am Frauenmantel lässt sich eine interessante Erscheinung beobachten. In Nächten mit hoher Luftfeuchtigkeit scheidet die Pflanze an den Blatträndern reichlich Wasser aus. Bis zum Morgen sammelt es sich in großen Tropfen (Gutationstropfen) in der trichterartigen Vertiefung der Blattmitte. Blütezeit ist von Mai bis September.

Kultivierung: Der Frauenmantel ist vollkommen winterhart und braucht im Garten einen tiefgründigen, gut durchlässigen, aber feuchten Boden sowie einen sonnigen oder halbschattigen Platz. Wenn man im Frühjahr sät, kommt die Pflanze im nächsten Sommer zur Blüte, danach empfiehlt sich ein Rückschnitt. Sobald die Pflanze im Garten heimisch geworden ist, sorgt sie durch Selbstaussaat für reichlich Nachwuchs. Sie lässt sich aber auch problemlos durch Teilung des Wurzelstocks vermehren. Der Frauenmantel wird gerne als Rabattenabschluss gepflanzt. Alle Arten des Frauenmantels können auch in Kübeln gezogen werden.

Ernte: Geerntet werden im Sommer während der Blüte junge Blätter, Blüten, Samen und auch Wurzeln. Zum Trocknen werden die Blätter vor der Blüte gesammelt.

Verwendung: Die jungen Blätter haben einen milden, leicht bitteren Geschmack. Klein geschnitten ergeben sie eine feine Würze für Salate. Der Frauenmantel gilt bis heute als wirksames Heilmittel bei Problemen der weiblichen Fortpflanzungsorgane.

Allium sativum

Knoblauch

Der Knoblauch ist eine der ältesten und wertvollsten Pflanzen. Ursprünglich stammt er aus Zentralasien. Von dort wurde er über den Nahen Osten nach Süd- und schließlich nach Mitteleuropa gebracht. Die Wachstumszeit des zweijährigen, winterharten Krauts aus der Familie der Liliengewächse, erstreckt sich über zwei Vegetationsperioden. Aus einer Zwiebel wächst im Frühjahr ein aufrechter, bis 1 m hoher, runder Blütenschaft mit langen, schmalen Blättern. Der rötlich-weiße, kugelige Blütenstand ist von einem langgezogenen Hüllblatt umgeben, zwischen den kleinen Blütchen sitzen eiförmige, weiße bis rosa Brutzwiebeln. Blütezeit ist August/September.

Kultivierung: Der Knoblauch bevorzugt im Garten einen sonnigen, windgeschützten Standort mit tiefgründigem, lehmig-humosem und durchlässigem Boden. Er wird nur durch Brutzwiebeln oder Zehen vermehrt, die entweder Ende Oktober oder Anfang März in Abständen von 15 cm mit dem abgerundeten Ende nach oben 3 cm tief in den Boden gesteckt werden. Bei längeren Trockenperioden muss gegossen werden. Die Pflanzen sind im Sommer ausgewachsen, sobald die an der Oberfläche sichtbaren Teile sich verfärben und umknicken. In Mischkultur gepflanzt wirkt Knoblauch vorbeugend gegen Pilzkrankheiten.

Ernte: Geerntet wird der Knoblauch im Spätsommer, wenn die Blätter verwelkt sind. Man gräbt die Zwiebel aus und lässt sie ein paar Tage an der Luft trocknen. Mit Hilfe des trockenen Laubs werden die Zwiebeln gebündelt oder zu Zöpfen geflochten sowie trocken und kühl aufbewahrt.

Verwendung: Knoblauch hat zwar einen strengen Geruch, findet aber in vielen Speisen Verwendung und ist vor allem in der mediterranen Küche beinahe unentbehrlich. Darüber hinaus wird Knoblauch bei hohem Blutdruck empfohlen und soll das Risiko eines Schlaganfalls verringern.

Allium schoenoprasum

Schnittlauch

Als einziger Vertreter aus der Gruppe der Zwiebelgewächse wächst der Schnittlauch wild in Europa, Australien und Nordamerika. Er gedeiht in gemäßigten und warmen, aber auch in heißen Regionen. Schnittlauch ist eine Gruppen bildende, mehrjährige Pflanze aus der Familie der Liliengewächse. Aus einer kirschgroßen, schlanken Zwiebel sprießen in Büscheln dünne, dunkelgrüne, hohle bis zu 30 cm hohe Röhrenblätter. An ihren Enden bilden sich ab Juli blassrote, zahlreich in kopfigen Dolden stehende Blüten, die einen milden Zwiebelgeschmack haben. Die Einzelblüten zeigen eine glockenartige Form.

Kultivierung: Im Garten bevorzugt Schnittlauch einen sonnigen bis halbschattigen Platz mit gut durchlässigem, kalkhaltigem, nährstoffreichem Boden. Die Vermehrung erfolgt im Frühjahr durch Aussaat der Samen oder durch Auspflanzen der winzigen Zwiebeln sowie im Herbst durch Teilung des Wurzelstocks. Die einzelnen Büschel werden in Reihen im Abstand von 20 cm gesetzt. Das Beet muss immer ausreichend gewässert werden. Da die ätherischen Öle vorbeugend gegen Pilzerkrankungen und Insektenbefall wirken, ist der Schnittlauch eine gute Nachbarpflanze für Gemüsepflanzen und Obststräucher. Er eignet sich sowohl als Rabatten- und Einfassungspflanze als auch zur Topfkultur.

Ernte: Die Röhrenblätter können jederzeit während der Vegetationsperiode geschnitten werden. Im Kühlschrank lässt sich Schnittlauch in einem Plastikbeutel eine Woche frisch halten. Man kann ihn auch einfrieren.

Verwendung: Schnittlauch ist als Gewürzpflanze unentbehrlich. Mit seinem milden Zwiebelgeschmack ist er eine köstliche Bereicherung für Quark, Salate, Eierspeisen, kalte Soßen oder auch einfach auf ein Butterbrot gestreut. Grundsätzlich sollte er erst unmittelbar vor dem Verbrauch klein geschnitten werden, da sich sein Aroma schnell verflüchtigt.

Allium ursinum

Bärlauch

Der Bärlauch ist in ganz Europa verbreitet, man findet ihn auf feuchten Waldböden an halbschattigen Standorten. Die ausdauernde, krautige Pflanze aus der Familie der Liliengewächse erreicht eine Wuchshöhe von etwa 20–50 cm. Aus einer schlanken Zwiebel entspringen im zeitigen Frühjahr 2–3 lanzettliche, samtgrüne Blätter. Ihr durchdringender Knoblauchgeruch verhindert eine Verwechslung mit dem sehr ähnlichen, tödlich giftigen Maiglöckchen, das zur selben Zeit an gleichen Plätzen wächst. Ende April treibt die Zwiebel einen bis zu 50 cm hohen, kahlen Blütenstängel aus, auf dem bis zu 20 weiße, gestielte, Sternblüten in einer flachen Scheindolde stehen, die ebenfalls nach Knoblauch riechen. Blütezeit ist April/Mai.

Kultivierung: Bärlauch ist eine Waldpflanze und gedeiht demzufolge am besten auf einem humosen, nährstoffreichen Boden im Halbschatten. Die Aussaat sollte im Herbst erfolgen und der Samen mit etwas Erde bedeckt werden. Die Pflanze neigt dazu, ganze Teppiche zu bilden. Ihre schwarzen Samen werden von Ameisen verschleppt, die auf diese Weise für eine rasche Ausbreitung sorgen. Bärlauch ist ein Kaltkeimer, die Samen keimen erst im nächsten Frühjahr, obwohl er schon Ende Juni reif ist. Schneller kann man ihn ansiedeln, wenn man ein paar Zwiebeln steckt. Kräftige Pflanzen können im Spätsommer nach der Blüte geteilt werden.

Ernte: Geerntet werden die frischen Blätter im Sommer vor der Blüte. Sie eignen sich nicht zum Trocknen oder Einfrieren, da dabei ihre Inhaltsstoffe völlig verloren gehen.

Verwendung: Der Bärlauch ist eine altbekannte Gemüse-, Gewürz- und Heilpflanze. Sie ist zwar komplett essbar, genutzt werden aber vorwiegend die frischen Blätter. Man mischt sie klein geschnitten unter Salate, Dip-Soßen, Kräuterbutter und Pesto oder auch als Gemüse in der Frühjahrsküche. Die frischen Blätter enthalten viel Vitamin C sowie schwefelhaltige, ätherische Öle, denen man verschiedenen Heilwikungen zuschreibt.

Anethum graveolens

Dill

Dill ist eine einjährige Kulturpflanze aus der Familie der Doldenblütler, die in den Mittelmeerländern und in Nordafrika fast überall verwildert vorkommt. Aus einer dünnen Wurzel wächst ein ca. 1 m hoher, schlanker, hohler, hellgrüner Stängel mit weißlichen Längsstreifen. Er ist locker und in weiten Abständen mit langen, sehr feinen, 3-fach geteilten, gestielten Blättern besetzt, die aromatisch duften. An seiner Spitze bildet sich im Juli/August eine gold-grün blühende, vierstrahlige Dolde aus. Die Einzelblüte ist sehr klein, ihr Duft zieht blattlausverzehrende Insekten an.

Kultivierung: Im Garten bevorzugt das Kraut einen sonnigen, warmen Platz mit lockerem, humusreichem Boden. Die Aussaat erfolgt im April direkt ins Freiland in 1 cm tiefen Rillen im Reihenabstand von 20 cm. Folgesaaten sind bis Juni möglich, dann ist man den ganzen Sommer über mit frischem Dill versorgt. Der Samen ist 3 Jahre lang haltbar. Zu dichte Reihen müssen ausgelichtet werden, damit die Pflanzen besser wachsen können. In heißen Sommern muss regelmäßig gegossen werden. Die Pflanze braucht nicht mit Dünger versorgt zu werden, da dieser sie für Schädlinge und Krankheiten anfällig macht. Dill ist nahe mit dem Fenchel verwandt und sollte nicht neben diesen gepflanzt werden, da sich die beiden Pflanzen gegenseitig befruchten und ihr individuelles Aroma verlieren.

Ernte: Junge Blätter können den ganzen Sommer zum frischen Gebrauch geerntet werden. Zum Trocknen eignen sie sich weniger, können aber eingefroren werden. Sobald die Samen reifen, schneidet man die Blütenköpfe ab. Die Samen lassen sich zum Einlegen von Gurken verwenden.

Verwendung: Frischer Dill passt gut zu Fisch, Salaten, Kartoffelgerichten und weißen Soßen. Dilltee ist ein bekanntes Heilmittel gegen Blähungen. Bei einer salzlosen Diät kann das Salz durch Dillsamen ersetzt werden.

Angelica archangelica

Engelwurz

Die Engelwurz ist in Europa, Asien und Nordamerika beheimatet. Wild wächst sie auf feuchten Wiesen, an Flussufern und in Mittelgebirgen. Die zweijährige oder auch vierjährige Pflanze aus der Familie der Doldenblütler wird 1–2,5 m hoch. Die aufrecht stehenden, an der Basis stielrunden, hohlen Stängel sind schwach gerillt und oben verzweigt. Die unteren Blätter sind größer und zwei- bis dreifach gefiedert, die oberen kleiner und nur einfach gefiedert. Im Juli/August erscheinen große, grünliche bis gelblich-weiße Blütendolden.

Kultivierung: Die stattliche Pflanze benötigt viel Platz an einem halbschattigen Standort mit nährstoffreichem, eher feuchtem Boden. Die Vermehrung erfolgt durch Aussaat im Frühherbst. Der Samen braucht Frost zum Keimen und wird nur dünn mit Erde bedeckt. Im nächsten Frühjahr werden die Setzlinge im Abstand von 1 m verpflanzt. Um die Lebensdauer der mächtigen Pflanze zu verlängern, entfernt man die Blütenstiele und lässt nur einen Blütenstand ausreifen. Da die Pflanze nicht sehr langlebig ist, sät man alle 3 Jahre neu aus oder holt sich Jungpflanzen aus der Gärtnerei. Wegen ihrer imposanten Erscheinung ist die Engelwurz auch als Solitärpflanze geeignet.

Ernte: Ab dem Frühjahr kann man die frischen Blätter, etwas später die Stängel zum Sofortverbrauch in der Küche schneiden. Samen und Wurzeln für Heilzwecke werden im Herbst gesammelt, getrocknet und in luftdichten Behältern aufbewahrt.

Verwendung: Die fleischigen, hohlen Stängel ergeben kandiert eine köstliche Leckerei, mit der Süßspeisen ein wunderbares Aroma erhalten. Die jungen Blätter verfeinern Salate, Suppen und Soßen.

Anthriscus cerefolium

Kerbel

Der Gartenkerbel ist eine einjährige, äußerst schnellwüchsige Pflanze, die ursprünglich aus Südosteuropa und Südwestasien stammt und heute über ganz Europa, Nordafrika, Amerika und Ostasien verbreitet ist. Das Kraut aus der Familie der Doldenblütler hat einen bis zu 60 cm hohen, hohlen, gefurchten und an den Gelenken leicht behaarten Stängel, an dem zarte, hellgrüne, dreifach gefiederte, tief gekerbte Blätter sitzen, die süßlich duften. Von Mai bis August sprießen aus den Blattachseln zarte, weiße Doldenblüten. Von der Pflanze gibt es kraus- und glattblättrige Zuchtformen. Beim flüchtigen Hinsehen kann man sie leicht mit der Petersilie verwechseln, von der sie sich aber durch die Blattform und -farbe un:terscheidet.

Kultivierung: Das wenig kälteempfindliche Würzkraut bevorzugt einen sonnigen bis halbschattigen Platz mit einem lehmigen, gut durchlässigen Boden und braucht reichlich Wasser. Ausgesät wird vom Frühjahr bis zum Spätsommer alle zwei Wochen, damit laufend frisch geerntet werden kann. Die Jungpflanzen werden auf 15 cm Abstand verzogen und können etwa 6 bis 8 Wochen nach der Aussaat geschnitten werden. Entfernt man regelmäßig die Blütentriebe, wachsen ständig frische Blätter nach. Letztmalig kann im September ausgesät werden, sodass man im darauf folgenden Frühjahr sehr früh ernten kann.

Ernte: Die jungen Blätter haben die höchste Würzkraft kurz vor der Blüte. Man kann sie laufend zum frischen Verbrauch pflücken. Zum Trocknen und Einfrieren eignet sich das Kraut nicht. Wenn die Pflanzen im Winter geschützt werden, kann man das ganze Jahr ernten.

Verwendung: Kerbelsuppe ist eine Spezialität, die es traditionell am Gründonnerstag gibt. Man gibt das Kraut erst gegen Ende der Kochzeit in die Suppe, damit es sein Aroma nicht verliert. Es passt auch gut zu Rohkostsalaten, Quark und kalten Soßen. Ein Tee aus den frischen Blättern regt die Verdauung an.

Apium graveolens var. secalinum

Schnittsellerie

Die ursprüngliche Form der heutigen Gartenzüchtungen ist der Sumpf- oder Wildsellerie, der seit jeher auf salzhaltigen Böden in Süd- und Nordeuropa wächst. Die zweijährige, winterharte, 20–30 cm hohe Pflanze aus der Familie der Doldenblütler hat leuchtendgrün glänzende Blätter, die verschiedenartig gelappt oder gefiedert sind und stark aromatisch schmecken. Gegen Ende des zweiten Sommers erscheinen weiße Blüten. Die blühenden Pflanzen eignen sich nicht zum Würzen, deshalb wird der Schnittsellerie nur einjährig gezogen.

Kultivierung: Der Schnittsellerie bevorzugt einen sonnigen bis halbschattigen Platz mit einem lockeren, humosen Boden. Die Aussaat erfolgt im Mai direkt an Ort und Stelle. Im Frühbeet kann die Aussaat bereits im März beginnen. Als Lichtkeimer darf man die Samen nur dünn mit Erde bedecken. Es muss regelmäßig gegossen werden. Da Sellerie ein starker Zehrer ist, sind Düngergaben empfehlenswert. Einige Wochen vor der Pflanzung wird reichlich Kompost in den Boden eingearbeitet. Nach dem Anwachsen der jungen Selleriepflanzen sowie Ende Juni und Ende Juli gibt man mineralischen Dünger als Kopfdüngung. Schnittsellerie eignet sich hervorragend für die Mischkultur mit Salaten und Kraut, da er durch seinen kräftigen Geruch viele Schädlinge fernhält.

Ernte: Die Blätter für den Sofortverbrauch können laufend geerntet werden, aber immer nur so viel, dass die Pflanze nachwachsen kann. Zur Aufbewahrung friert man die Blätter am besten ein, bei der Trocknung verlieren sie an Aroma.

Verwendung: Schnittsellerie passt gut zu Fisch und Geflügel und dient vor allem als Würze für Suppen und Soßen.

Armoracia rusticana

Meerrettich

Der Meerrettich ist in Südosteuropa beheimatet und heute in ganz Europa und Nordamerika verbreitet. Ursprünglich wurde er als Heilpflanze angebaut, heute schätzt man ihn vor allem als Gewürz. Die ausdauernde Pflanze aus der Familie der Kreuzblütler wächst 50–20 cm hoch. Die Blätter werden bis zu 100 cm lang. Ab dem zweiten Jahr erscheinen lockere, weiße Blütentrauben, die an bis zu 120 cm hohen Stielen sitzen. Die senkrechte, walzenförmige, bis zu 40 cm lange Pfahlwurzel wird bis zu 40 cm lang und hat einen Durchmesser von 4–6 cm. Zum Stängel hin ist die außen gelb-braune und innen weiße Wurzel vielköpfig und am Wurzelende ästig mit vielen Seitenwurzeln.

Kultivierung: Die stark wuchernde Meerrettichstaude benötigt im Kräutergarten einen separaten Platz, da sie bald alle benachbarten Pflanzen unterdrücken würde. Bevorzugt wird ein Standort im Halbschatten oder Schatten mit tiefgründigem, nährstoffreichem, gleichmäßig feuchtem Boden. Deshalb sollte der vorgesehene Platz bereits im Herbst umgegraben und mit Kompost versorgt werden. Im März kann man die Seitenwurzeln (Fechser) im Abstand 40 x 80 cm pflanzen. Sie werden schräg in die Erde gesteckt und dünn abgedeckt. Im Juni/Juli gräbt man vorsichtig so viele Wurzelstücke aus, wie gerade für den Sofortverbrauch benötigt werden

Ernte: Wenn die Wurzeln ausgewachsen sind, kann man sie frisch verwenden oder im Oktober ausgraben und im Winter in Sand an einem dunklen Ort lagern. Die jungen Blätter lassen sich frisch oder getrocknet verwenden.

Verwendung: Geputzt und fein gerieben wird Meerrettich zu verschiedenen Fisch- und Fleischspeisen (zum Beispiel Tafelspitz) gereicht. Seine Schärfe lässt sich durch Zugabe von geschlagener Sahne mildern. Frisch gerieben und mit Honig vermischt gilt er als bewährtes Mittel bei Husten.

Artemisia abrotanum

Eberraute

Die Eberraute stammt aus Vorderasien, wurde in vielen Ländern eingeführt und gedeiht heute in den meisten gemäßigten Zonen. Sie wurde häufig in den mittelalterlichen Kloster- und Bauerngärten angebaut und ist heute als Kulturpflanze nahezu unbekannt. Der mehrjährige, winterharte Halbstrauch aus der Familie der Korbblütler erreicht eine Höhe von 1,5 m. Die Blätter sind fein gefiedert, graugrün, bis zu 5 cm lang und duften intensiv nach Zitrone. Die Blütenstände sind rispenartig und sehen aus wie gelbe, kugelige Köpfchen. Blütezeit ist von Juli bis Oktober. Die Stängel sind jung grün und gefurcht und werden später glatt, holzig sowie gelbbraun.

Kultivierung: Die Eberaute braucht einen geschützten, sonnigen Platz mit durchlässigem, humosem, leicht kalkhaltigem, eher trockenem Boden. Die Pflanze lässt sich am einfachsten durch Hartholzstecklinge vermehren. Als Substrat empfiehlt sich ein Rinden-Torf-Sand-Gemisch. Ableger mit Wurzeln lassen sich überwintern, wenn sie ihre Blätter abwerfen und ruhen. Man hält die Ableger trocken und gießt im zeitigen Frühjahr gelegentlich. Nach dem letzten Frost werden die Pflanzen im Abstand von 60 cm gesetzt. Um den Strauch in Form zu halten, wird im Frühjahr kräftig zurückgeschnitten. Die Eberraute sollte nicht zusammen mit Heilpflanzen in ein Beet gesetzt werden, da Regen wachstumshemmende Substanzen aus ihren Blättern waschen kann. Sie ist eine aparte Heckenpflanze im formalen Kräutergarten.

Ernte: Den ganzen Sommer über können Blätter, junge Triebspitzen und ganze Zweige geerntet und frisch sowie getrocknet verwendet werden.

Verwendung: Sparsam verwendet eignen sich die Blätter zum Würzen von Salaten, kräftigen Soßen und gebratenem Fleisch. Als Heilpflanze wird die Eberraute bei Husten eingesetzt.

Artemisia absinthium

Wermut

Der Wermut ist in Nordafrika, Asien, sowie Mittel- und Südeuropa beheimatet. Er ist an Wegen, steinigen Ufern in warmen Regionen und auf warmen, felsigen Hängen zu finden. Der bis zu 100 cm hohe, verholzende, ausdauernde Halbstrauch aus der Familie der Korbblütler ist mit einem kräftigen Wurzelstock im Boden verankert. Die grün-weißen Stängel sind mit seidig behaarten, stark gefiederten, oberseits graugrünen, unterseits silbrig schimmernden Blättern besetzt. Von Juli bis September trägt der Wermut kleine, kugelige, gelbe Blüten, die in aufrechten Rispen stehen.

Kultivierung: Im Garten gedeiht der Wermut an einem sonnigen Standort auf kalkhaltigem, durchlässigem Boden, Nässe verträgt er nicht. Die Pflanze lässt sich aus Samen selbst anziehen, man kauft jedoch besser eine Pflanze beim Gärtner und setzt sie an eine Stelle, an der sie sich ausbreiten kann. Der Stock kann alle 2 bis 3 Jahre geteilt werden, so bleibt die Pflanze gesund und stirbt nicht innen ab. Wermut sollte nicht neben Fenchel, Zitronenmelisse oder Salbei gepflanzt werden, da er ihr Wachstum hemmt. Dagegen wirkt er in der Nähe von Schwarzen Johannisbeeren vorbeugend gegen Säulenrost, außerdem vertreibt er Erdflöhe und Kohlfliegen. Im Herbst muss die Pflanze kräftig zurückgeschnitten werden.

Ernte: Die Blätter können während der gesamten Vegetationszeit gepflückt werden. Zur Blütezeit sollte man vornehmlich die oberen zarteren Teile des Krauts ernten. Man schneidet die Triebe ab, bündelt sie und hängt sie an einem luftigen Ort zum Trocknen auf.

Verwendung: Das bitteraromatische Kraut passt, sparsam verwendet, zu Eintöpfen und Wild. Aus den getrockneten Triebspitzen wird ein appetitanregender Tee zubereitet. Wermut lässt sich auch als Mottenschutz einsetzen, der einen erfrischenden Geruch verströmt und nicht wie bei den Mottenkugeln an den Kleidern haftet.

Artemisia dracunculus

Estragon

Estragon ist in den südöstlichen Teilen Russlands und Zentralasiens beheimatet und wurde in Europa, Amerika und Südasien kultiviert. Der Gärtner unterscheidet den Französischen und den Russischen Estragon. Die mehrjährige, ausdauernde, buschige Pflanze aus der Familie der Korbblütler hat eine aufrechte, sich verästelnde Sprossachse, die bis zu 1 m hoch wächst. An ihr sitzen grüne, schmale, längliche und weiche Blätter. Reibt man diese, verströmen sie einen aromatischen, anisartigen und unverwechselbaren Duft. Die unscheinbaren, gelben Blüten stehen in Körbchen. Sie zeigen sich von August bis Oktober. Beim Französischen Estragon zeigen sie sich nur selten, in kühlen Sommern gar nicht und produzieren auch keine Samen.

Kultivierung: Estragon braucht einen geschützten, sonnigen bis halbschattigen Platz mit einem humusreichen, durchlässigen Boden. Er wächst gut in Gemeinschaft mit Beifuß, Wermut und Rosmarin. Der Russische Estragon wird im April ins Freiland in einen mit Kompost angereicherten Boden ausgesät, leicht mit Erde abgedeckt und später auf 50 x 50 cm vereinzelt. Der Französische Estragon vermehrt sich ausschließlich durch Wurzelteilung oder Stecklinge und sollte erst im Mai gepflanzt werden. Beim ihm ist im Winter eine Abdeckung mit Reisig nötig. Beide Arten müssen bei Trockenheit gewässert sowie hin und wieder mit organischem Dünger versorgt werden.

Ernte: Geerntet werden die frischen Triebspitzen. Beim Russischen Estragon sind die Blätter kurz vor der Blüte am aromatischsten, der Französische Estragon behält sein feines Aroma den ganzen Sommer über. Was nicht sofort verbraucht wird, kann schonend getrocknet werden.

Verwendung: Estragon ist vor allem in der französischen Küche eine beliebte Würze und wichtiger Bestandteil der „Sauce béarnaise". Er passt frisch oder getrocknet zu Hühnchen, Fisch oder Rind, eingelegt in Öl oder Essig ergibt er eine herb-aromatische Salatwürze.

Artemisia vulgaris

Beifuß

Beifuß kommt auf der gesamten nördlichen Halbkugel vor. Er ist häufig an Bahndämmen, auf Schutthalden, an Bachufern und Waldrändern zu finden. Die schnellwüchsige, ausdauernde Pflanze aus der Familie der Korbblütler treibt kräftige Ausläufer und kann bis 150 cm hoch werden. An den kahlen Stängeln sitzen verschiedenartig gefiederte, oberseits dunkelgrüne, unterseits weiß- bis grau-filzig behaarte Blätter. Die unscheinbaren, weißen, gelblichen oder rötlichen Blüten sind in gelblich-braune Körbchen eingebettet und stehen in weit ausladenden Rispen am Ende der Stängel. Blütezeit ist von Juli bis September.

Kultivierung: Im Garten gedeiht der Beifuß auf einem, trockenen, durchlässigen und kalkarmen Boden an einem warmen, sonnigen Platz, bevorzugt wächst er an verwilderten Gartenecken. Am besten kauft man Jungpflanzen, die man im Frühling oder Herbst durch Teilung des Wurzelstocks vermehrt. Der Stock kann alle 2 bis 3 Jahre geteilt werden, so bleiben die Pflanzen gesund und sterben nicht innen ab. Beifuß ist sehr anspruchslos und kommt auch mit ungünstigen Bedingungen zurecht. Er braucht nicht gewässert und nicht gedüngt werden. Bei Aussaat im Mai muss der Samen dünn mit Erde bedeckt werden (Lichtkeimer).

Ernte: Die Blätter werden während der gesamten Vegetationsperiode gepflückt. Noch vor der Blütezeit schneidet man die jungen, oberen Triebspitzen. Sie werden frisch verwendet oder zu Bündeln zusammengefasst und an der Luft zum Trocknen aufgehängt.

Verwendung: Beifuß wird in der modernen Küche mehr und mehr beliebt, mit den aromatischen jungen Trieben würzt man vornehmlich fette Fleischspeisen, zum Beispiel Gänsebraten, da sie dadurch bekömmlicher werden. Frische Beifußblätter und -blütenrispen ergeben gedünstet einen Spinat besonderer Art, der gern auch als Beilage gegessen wird.

Bellis perennis

Gänseblümchen

Kultivierung: Das Gänseblümchen braucht einen sonnigen bis halbschattigen Standort und einen feuchten, möglichst nahrhaften Boden. Außer im Winter kann man es zu jeder Zeit in flache Rillen säen. Das Saatbeet muss feucht gehalten werden, die Sämlinge dünnt man später im Abstand von 10 cm aus. Gänseblümchen eignen sich gut zur Einfassung von Beeten und Wildblumenrabatten. Sie säen sich von selbst aus und müssen etwas in Schach gehalten werden. Es gibt gefüllte Kultursorten, die vor allem als Frühjahrsblüher in Balkonkästen gepflanzt und im Sommer ausgesät werden.

Ernte: Gänseblümchen kann man das ganze Jahr über ernten. Im Frühling pflückt man die zarten Blättchen und Blüten, die einen leicht säuerlichen, herben Geschmack haben, zum frischen Verbrauch, später zum Trocknen für Tees die ganze Pflanze.

Das Gänseblümchen ist in ganz Mitteleuropa und Westasien verbreitet und im Gebirge ebenso zu Hause wie im Tiefland. Es wächst auf jeder Rasenfläche, vor allem auf Zierrasen. Die ausdauernde Pflanze aus der Familie der Korbblütler ist mit Astern und Margeriten verwandt. Aus der mehrjährigen Blattrosette mit spatelförmigen, klein bleibenden Blättern entspringt ein blattloser, bis 15 cm hoher Stängel mit einer einzelnen Blüte. Sie besteht aus den weißen, oft an den Spitzen kräftig rosa überlaufenen Zungenblüten und der goldgelben Mitte aus vielen kleinen Röhrenblüten. Blütezeit ist fast das ganze Jahr bis Ende November, es kann an warmen Wintertagen schon Ende Januar wieder erscheinen und gibt nur in Dauerfrostperioden vorübergehend auf. Die Hauptblütezeit ist jedoch April/Mai.

Verwendung: Die klein geschnittenen Blätter und Blüten können frisch Salaten oder Quark beigemischt werden. Die Blütenknospen eignen sich als Kapernersatz, wenn man sie in Estragonessig einlegt.

Borago officinalis

Borretsch

Borretsch ist eine ursprünglich im Mittelmeergebiet beheimatete Pflanze und kommt dort vor allem auf Brachflächen vor. Sie wird heute in fast ganz Europa und Nordamerika kultiviert. Als Gartenflüchtling ist sie an einigen Orten verwildert. Die unteren Blätter der einjährigen Pflanze aus der Familie der Raublattgewächse sind spatenförmig oval gestielt, die oberen sitzen fast herzförmig um den behaarten, bis 70 cm hohen Stängel. Die Blätter sind rau, die Blattnerven treten auf der Unterseite deutlich hervor, die Ränder sind weich gezähnt. Die Blütenquirle entspringen im oberen Drittel des Stängels an den Blattachseln. Sie tragen leuchtend blaue Blütensterne mit schwarzblauen Staubgefäßen. Blütezeit ist von Mai bis zum ersten Frost.

Kultivierung: Borretsch gedeiht an sonnigen und halbschattigen Standorten auf durchlässigem, nährstoffreichem Boden mit guter Wasserversorgung. Die Pflanze benötigt keine Vorkultur und kann im späten Frühjahr direkt an Ort und Stelle ausgesät werden. Die Samen müssen gut mit Erde bedeckt sein, da Borretsch ein Dunkelkeimer ist. Der Reihenabstand für das große und kräftige Küchenkraut sollte 40–50 cm betragen. Die Pflanze ist ein wertvoller Helfer im Biogarten. Weil sie mit kaum einer der sonstigen (Gemüse)-Gartenpflanzen verwandt ist, eignet sie sich hervorragend zur Gründüngung. Die ausgedehnten, weit verzweigten Wurzeln sorgen für einen feinkrümeligen Boden.

Ernte: Im Sommer werden die jungen Blätter zum frischen Verzehr geerntet, die Blüten zur frischen Verwendung gepflückt, sobald sie sich geöffnet haben. Junge Blätter lassen sich gut einfrieren, getrocknete Blüten können in luftdicht verschlossenen Gläsern aufbewahrt werden.

Verwendung: Borretsch wird insbesondere als Würze in Gurkensalat geschätzt. Aber er passt auch hervorragend zu Frischkäse und Salat. Mit den ebenfalls essbaren Blüten lassen sich Salate aber auch Bowlen und Limonaden dekorieren.

Calendula officinalis

Ringelblume

Die Ringelblume ist im Mittelmeerraum und Asien beheimatet und wurde weltweit als Gartenblume kultiviert. Sie wächst wild auf Schutthalden. Die einjährige, bis 60 cm hohe, buschige Pflanze aus der Familie der Korbblütler hat einen aufrechten, filzig behaarten Stängel mit fein behaarten, wechselständigen, ungeteilten Blättern. Am Ende der Triebe stehen einzeln cremegelbe bis tief orangefarbene Blütenkörbchen. Die zungenförmigen Strahlenblüten stehen in zwei oder drei Reihen rundherum und wölben sich bei Nacht oder Regen schützend über das Körbchen. Wenn man die Ringelblume pflückt, tritt aus den Stängelenden ein klebriger Saft aus, der einen herben, würzigen Duft verbreitet. Blütezeit ist von Juni bis Oktober.

Kultivierung: Im Kräutergarten braucht die Ringelblume einen sonnigen Platz mit einem mittelschweren, nicht zu sandigen oder zu feuchten Boden. Von April bis Juni wird direkt ins Freiland an Ort und Stelle ausgesät. Der Abstand sollte 20–30 cm sein, sonst werden die Pflanzen leicht von Mehltau befallen. Die Pflanzen säen sich auch von selbst aus, die Blüten verlieren aber im Laufe der Zeit an Fülle, Farbe und Größe. Um eine dauerhafte Blüte anzuregen, sollte die Pflanze regelmäßig ausgeputzt werden. Die Ringelblume ist ein guter Gründünger und eignet sich auch sehr gut zur Schneckenabwehr.

Ernte: Zum frischen Gebrauch werden die jungen Blätter geerntet. Die geöffneten Blüten pflückt man bei sonnigem Wetter zum frischen Gebrauch oder trocknet sie rasch, jedoch ohne Anwendung von künstlicher Wärme an einem luftigen Ort.

Verwendung: Mit den fein gehackten Blütenblättern und dem jungen, frischen Laub werden Salate gewürzt. In der Naturkosmetik enthalten viele Präparate Ringelblume. Ringelblumentee und -kompressen sind altbewährte Heilmittel.

Capsicum annuum

Paprika

Die Heimat der Paprika ist Mittel- und Südamerika. Die Gattung Paprika *(Capsicum)* gehört zur Familie der Nachtschattengewächse. Es wird sowohl die Pflanze als auch die Frucht als Paprika bezeichnet, vor allem für die Frucht gibt es noch weitere Namen (Chili, Peperoni), die Unterschiede in Schärfe, Größe und auch Farbe kennzeichnen. Die am weitesten verbreitete Art, zu der auch fast alle in Europa erhältlichen Paprika, Peperoni und Chilis gehören, ist *Capsicum annuum*. Die Pflanze mit den schmalen, spitz zulaufenden, roten oder gelben Fruchtschoten und den glänzend grünen Blättern wird etwa 60 cm hoch und öffnet von Juli bis September meist weiße Blüten an kurzen Stielen.

Kultivierung: Da die Paprika aus tropischen Gebieten stammt und daher sehr wärmebedürftig ist, empfiehlt sich eine warme Vorkultur ab März am Zimmerfenster oder im Anzuchtbeet. Erst nach den Eisheiligen kann dann an einen windgeschützten und sonnigen Platz im Abstand von 40 cm ausgepflanzt werden. Anfänglich ist eine Übertunnelung aus Folie anzuraten, falls noch mit kühlen Nächten zu rechnen ist. Paprika benötigt reichlich Nährstoffe und Feuchtigkeit, wenn die Früchte ausreifen sollen. Man gibt entweder Kompost oder einen anderen organischen Dünger und sorgt durch gelegentliches Aufhacken für Bodenlockerung.

Ernte: Die Früchte reifen im August und September heran. Man verwendet sie entweder frisch oder reiht sie zum Trocknen an Schnüren auf und pulverisiert sie dann im Mörser.

Verwendung: Aufgrund der Schärfe sollte man Paprika frisch nur sehr sparsam in Soßen, Suppen oder zu Fleischgerichten verwenden.

Carum carvi

Kümmel

Der Kümmel ist eine der ältesten Würzpflanzen und kommt in ganz Europa, Nordafrika und Asien vor. Man findet ihn nicht nur wild wachsend, sondern auch in großen Feld- und Gartenkulturen zum Beispiel in Holland, Skandinavien, Spanien und Italien. Die zweijährige, winterharte Pflanze aus der Familie der Doldenblütler wächst bis zu 1 m hoch. Aus einer möhrenartigen, spindelförmigen Pfahlwurzel steigt ein hohler, kantiger, am Grunde ästiger Stängel mit wenigen gefiederten Blättern auf. An seinem Ende stehen kleinste, weiße bis rosafarbene Blüten in einer Dolde, die von Mai bis Juni, manchmal auch ein weiteres Mal im Herbst blühen. Die Blüten ziehen schädlingsvertilgende Schlupfwespen an.

Kultivierung: Kümmel bevorzugt einen sonnigen bis leicht schattigen Platz mit einem nährstoffreichen, feuchten Boden. Das Saatbeet sollte mit Kompost gedüngt und frei von Unkraut sein. Man sät im März/April, sobald der Boden erwärmt ist in Reihen mit 10 cm Abstand aus, deckt dünn mit Erde ab und vereinzelt die Sämlinge nach dem Aufgehen auf 20 cm.

Ernte: Blätter und Blüten können im ersten Jahr laufend für den frischen Verbrauch als Salatwürze geerntet werden. Die Samen werden im zweiten Jahr geerntet. Dazu umhüllt man die Dolden mit einem luftdurchlässigen Papier und bindet es unten zu. Mit diesem Auffangbehälter vermeidet man Verluste. Bevor sie in Schraubgläsern aufbewahrt werden, müssen die Samen völlig trocken sein, da sie sonst schimmeln. Im zweiten Herbst kann man die Wurzeln als Futterpflanzen ausgraben.

Verwendung: Kümmel findet in der Küche vielseitige Verwendung. Man nimmt ihn zu Quark, Käse, Kartoffel- und Kohlgerichten sowie zu Sauerkraut. Schwere Fleischgerichte macht er bekömmlicher, das gilt auch für Kümmelschnaps.

Chamaemelum nobile

Römische Kamille

Die Römische Kamille kommt in Westeuropa vor, nördlich bis Nord-Irland. In Südeuropa und im mittleren Südeuropa ist sie teilweise eingebürgert, ebenso in Nordwest-Afrika. Man findet sie auf Weideland und anderen grasigen Plätzen auf sandigem Boden. Die mehrjährige, winterharte, krautige Pflanze aus der Familie der Korbblütler riecht intensiv aromatisch und erreicht Wuchshöhen von 15–30 cm. Ihre Blätter sind sitzend, haben einen länglichen Umriss und sind zwei- bis dreifach fiederschnittig. Die weißen Blüten haben ein gelbes Inneres. Die Blütenköpfchen stehen einzeln endständig und sind lang gestielt. Ihr Durchmesser beträgt 18–25 mm. Die Hülle der Körbchen ist 4–6 mm lang und halbkugelig. Blütezeit ist Juni bis Oktober.

Kultivierung: Das immergrüne Kraut bevorzugt einen sonnigen Standort mit gut durchlässigem, lockerem Boden. Die Vermehrung erfolgt im Frühjahr durch Aussaat, im Sommer durch Stecklinge und im Herbst durch Teilung des Wurzelstocks. Ausgesät wird von April bis Juni in Reihen mit Abstand von 20 cm. Die Jungpflanzen werden im Abstand von 15–30 cm gesetzt, später muss ausgelichtet werden. Die römische Kamille eignet sich gut als Beet- oder Wegeinfassung.

Ernte: Die Blätter werden für den frischen Gebrauch oder zum Trocknen im Frühling oder Frühsommer geerntet. Die Blüten pflückt man bei sonnigem, warmem Wetter, wenn sie vollkommen geöffnet sind. Anschließend trocknet man sie auf einer Papierunterlage und bewahrt sie in verschließbaren Gläsern auf.

Verwendung: Die Blüten der Römischen und der Echten Kamille lassen sich frisch oder getrocknet zum Aufbrühen von Kamillentee verwendet. Die Blätter eignen sich ebenfalls zum Trocknen und als Bestandteil von Potpourris.

Cochlearia officinalis

Löffelkraut

Kultivierung: Das Löffelkraut gedeiht an einem sonnigen bis halbschattigen Platz auf einem frisch-feuchten, leicht lehmigen Boden und benötigt regelmäßige Wässerung. Die Aussaat sollte entweder im Spätherbst oder Frühjahr erfolgen. Die Saat wird nur flach in den Boden eingebracht, da das Löffelkraut ein Lichtkeimer ist. Der Pflanzabstand sollte 10–20 cm betragen. Die Samen keimen nach etwa 3–4 Wochen.

Ernte: Man schneidet nur die jungen, löffelartigen Rosettenblätter. Da das Löffelkraut frosthart ist, kann auch im Winter frisch geerntet werden. Die Blätter eignen sich nicht zum Trocknen, lassen sich aber gut in Salz einlegen.

Das Löffelkraut kommt im salzhaltigen Marschland, insbesondere in den höheren Zonen der Salzwiesen am Meer vor. Die Verbreitung erstreckt sich von den Küsten der Arktis bis in die gemäßigten Zonen der nördlichen Halbkugel. Die zweijährige bis ausdauernde, winterharte, krautige Pflanze aus der Familie der Kreuzblütler erreicht Wuchshöhen von 20–50 cm. Die oberirdischen Pflanzenteile sind kahl. Die Laubblätter stehen in einer grundständigen Rosette zusammen und sind am Stängel verteilt. Die weißen bis schwach lila gefärbten, duftenden Blüten stehen an traubigen Blütenständen. Blütezeit ist von Ende März bis Juni.

Verwendung: Löffelkraut schmeckt leicht salzig bis bitter und passt zu allen Blattsalaten, Kräuterquark, Kräuterbutter, gelben Rüben und Kartoffeln.

Coriandrum sativum

Koriander

Koriander stammt ursprünglich aus dem östlichem Mittelmeerraum und dem Kaukasus und ist heute als Küchenkraut auf der ganzen Welt verbreitet. Die einjährige Pflanze aus der Familie der Doldengewächse wächst bis zu 60 cm hoch. Aus der gebogenen, karottenähnlichen, sehr dünnen Wurzel steigt ein stielrunder, robuster Stängel auf. Die unteren Blätter sind lang gestielt, dreilappig und fiederschnittig, die übrigen Blätter doppelt und dreifach fiederschnittig und laufen spitz aus. Meist sind nur die randständigen, großen Blüten fruchtbar. Der Blütenstand ist verzweigt und endet in mehreren Doppeldolden. Die weißen oder rosafarbenen Einzelblüten erscheinen von Juni bis August.

Kultivierung: Selbst gezogener Koriander hat ein wesentlich besseres Aroma als kommerziell angebauter. Er gedeiht am besten an einem sonnigen bis halbschattigen Standort mit einem leichten, gut durchlässigen Boden. Koriander bevorzugt ein kühles Frühjahr und einen darauf folgenden heißen, trockenen Sommer. Ende März, Anfang April werden die Samen dünn in flache Saatrillen im Abstand von 25 cm ausgesät, dünn mit Erde bedeckt und angegossen. Sobald die Sämlinge groß genug sind, werden sie ausgedünnt. In sehr milden Regionen kann man im Herbst für eine Winterernte säen.

Ernte: Die Dolden werden geschnitten, sobald das Aroma des Samens angenehm riecht. Man gibt Sträuße von 6 Dolden in eine Papiertüte, verschließt diese und hängt sie für etwa 10 Tage kopfüber an einen trockenen, luftigen Ort. Die Samen fallen in die Tüte und können dann in luftdichten Gläsern aufbewahrt werden. Das Aroma bleibt erhalten.

Verwendung: Koriander ist in vielen Gewürzmischungen, traditionell in Lebkuchen und anderem Weihnachtsgebäck, aber auch in speziellen Brotsorten enthalten. Außerdem wirkt er verdauungsfördernd und regt den Appetit an.

Foeniculum vulgare

Fenchel

Der Fenchel wächst wild im Mittelmeergebiet und in Kleinasien. Die ein- bis zweijährige Pflanze aus der Familie der Doldengewächse ist mit einem dicken, verholzenden Wurzelstock im Boden verankert und wird bis 2 m hoch. An den glänzenden, gestreiften, sich im oberen Teil verzweigenden Stängeln sitzen mehrfach fiederschnittige Blätter und große Blütendolden mit vielen gelben Einzelblüten, die gerippte Samen bilden. Blütezeit ist Juli bis September. **Wichtig:** Wegen der Verwechslungsgefahr mit giftigen Doldenblütlern Samen und Kraut nicht aus der Natur sammeln.

Kultivierung: Im Garten benötigt der Fenchel einen geschützten, warmen, sonnigen Platz mit humosem, kalkhaltigem und durchlässigem Boden. Ausgesät wird von April bis Ende Mai in ein Anzuchtbeet im Freiland. Die einzelnen Saatreihen werden in etwa 30 cm Abstand angelegt. Die Samen kommen nur 1 cm tief in die Erde. Im Herbst wird das Kraut 10 cm über dem Boden abgeschnitten und das Beet mit Reisig abgedeckt. Erst im nächsten Frühjahr werden die Jungpflanzen mit genügend Abstand an den endgültigen Standort gesetzt. Sie vermehren sich nach einiger Zeit durch Selbstaussaat. Kompost oder organischer Dünger fördert ihr Wachstum. Fenchel sollte nicht zusammen mit Dill gepflanzt werden, da sich beide gegenseitig bestäuben, was zur Bildung von Hybriden führt.

Ernte: Die jungen, grünen Blätter kann man nach Bedarf ernten. In den Monaten September/Oktober werden die Dolden erntereif. Die braunen Samen klopft man am besten über einem Backblech aus und bewahrt sie dann trocken in Schraubgläsern auf.

Verwendung: Frische Blätter eignen sich gut zum Würzen von Salaten, Soßen und Fischgerichten. Mit den Körnern würzt man Marinaden, Gemüse und gegrilltes Fleisch. Gemahlene Fenchelsamen brüht man mit kochendem Wasser zu einem Magen und Darm beruhigenden Tee auf.

Galium odoratum

Waldmeister

Der Echte Waldmeister ist in Europa beheimatet und wurde in Amerika und Australien kultiviert. Die ausgeprägte Schatten- und Humuspflanze steht oft in großen Mengen zusammen und ist vor allem in Laubmischwäldern zu finden. Das ausdauernde, mehrjährige Kraut hat eine weit reichende, kriechende Wurzel, aus der vierkantige Stängel bis 30 cm hoch wachsen. An ihnen sitzen im oberen Teil acht stachelspitze, spatelförmige, am Rande raue Blätter. Im Mai erblühen die kleinen, in verzweigten Trugdolden stehenden weißen Sternblüten und strömen einen charakteristischen Duft aus. Bei schwülem, gewittrigem Wetter ist er besonders intensiv zu riechen.

Kultivierung: Auch im Garten braucht der Waldmeister einen schattigen Platz mit einem humosen, lockeren und feuchten Boden. Die Pflanzstelle sollte deshalb mit Kompost und Rindenhumus angereichert und anschließend gut gewässert werden. Die Aussaat ist wegen der langen Keimdauer schwierig, deshalb empfiehlt es sich, Jungpflanzen zu kaufen und im Abstand von 20 x 20 cm zu setzen. Im Laufe der Zeit entwickelt sich aus den kriechenden Wurzeln ein dichter Waldmeisterrasen, der schattige Plätze dekorativ begrünen kann.

Ernte: Waldmeister darf erst ab dem zweiten Jahr geschnitten werden. Die Blätter werden kurz vor oder während der Blüte frisch geerntet und zum Trocknen luftig aufgehängt. Dabei verlieren sie jedoch an Würze und Aroma.

Verwendung: Mit den leicht angewelkten Blättern wird die berühmte „Maibowle" gewürzt, die nicht nur köstlich schmeckt, sondern auch belebend und verdauungsfördernd wirkt. Mit Waldmeister werden auch Süßspeisen verfeinert

Hyssopus officinalis

Ysop

Der Ysop ist in Kleinasien beheimatet, wo man ihn auf alten Mauern und an trockenen Ufern findet. Der winterharte, mehrjährige, verholzende und aromatisch duftende Halbstrauch aus der Familie der Lippenblütler wird bis zu 80 cm hoch. Er weist zahlreiche aufrechte, verzweigte Äste mit abblätternder Rinde auf. Die schmalen, lanzettlichen, behaarten Blätter sind gegenständig und scheinbar quirlig an Kurztrieben angeordnet. In den oberen Blattachseln stehen zahlreiche blauviolette, weiße oder rosafarbene Blüten in Scheinquirlen. Die Blütezeit ist von Juli bis Oktober.

Kultivierung: Ysop stellt keine besonderen Ansprüche, gedeiht jedoch am besten an einem sonnigen Platz mit durchlässigem, nicht zu nassem, kalkhaltigem Boden. Freilandaussaaten sind von Mitte bis Ende Mai möglich, je nach Anzuchttemperatur liegt die Keimdauer zwischen 7 und 21 Tagen. Am besten man kauft vorgezogene Pflanzen beim Gärtner, die später geteilt oder durch Kopfstecklinge vermehrt werden können. Eine leichte Stickstoffgabe nach dem ersten Schnitt beschleunigt das Wachstum. Die attraktive, duftende Pflanze wird von Bienen und Schmetterlingen besucht und eignet sich auch als Rabatte und Randbepflanzung. In rauen Lagen benötigt die Pflanze Winterschutz.

Ernte: Die jungen Blätter und Triebspitzen können das ganze Vegetationsjahr geerntet werden. Sie werden dann gebündelt und an einem luftigen Ort zum Trocknen aufgehängt. Die Haupternte erfolgt erst kurz vor oder mit Beginn der Blüte. Bei günstigem Witterungsverlauf kann eine zweite Ernte im Herbst erfolgen.

Verwendung: Ysop passt gut zu Soßen und Suppen und eignet sich, je nach Geschmack, auch zum Würzen von Salaten und Gemüsegerichten. Ysop darf nie mitgekocht werden, denn dann verliert er sein Aroma. Er wird immer erst an die fertigen Speisen gegeben.

Laurus nobilis

Lorbeer

Ursprünglich ist der Lorbeer in Südeuropa beheimatet, heute ist er über die ganze Welt verbreitet. Der immergrüne, aus einer Wurzel heraus sich buschig verzweigende Strauch oder kleine Baum aus der Familie der Lorbeergewächse wächst in jungen Jahren kegelförmig und bildet erst später eine rundliche Krone. Der Lorbeer hat eine glatte Rinde und ist mit derben, ledrigen, 5–12 cm langen, elliptischen Blättern dicht belaubt. Sie glänzen auf der Oberseite und verströmen beim Zerreiben einen aromatischen Duft. Die achselständigen, winzigen, gelben Blüten erscheinen im Frühling und bringen glänzende, blauschwarze Beeren hervor, die im September reifen.

Kultivierung: Im Garten bevorzugt der Lorbeer einen sonnigen oder halbschattigen, windgeschützten Platz mit einem durchlässigen, nährstoffreichen Boden. Lorbeer bildet nur sehr flache Wurzeln und ist deshalb sehr frostanfällig, Winterschutzmaßnahmen sind wichtig. Man setzt die Sträucher oder Bäumchen in einem Abstand von 1 m, um ihnen genügend Platz zum Ausbreiten zu geben. Die Vermehrung erfolgt durch Stecklinge im Spätsommer, die zum Bewurzeln in sandigen Boden in einer frostfreien Ecke des Gartens gesteckt werden. Wenn man frühzeitig mit dem Schnitt anfängt, lässt sich Lorbeer auch zu schönen Formschnittgehölzen gestalten.

Ernte: Blätter und Zweige werden im Sommer geerntet. Lorbeerblätter müssen im Dunklen getrocknet werden, damit sie nicht völlig braun werden. Es empfiehlt sich, die Blätter liegend zu lagern und regelmäßig zu bewegen oder zu wenden, damit sie nicht schimmeln und einigermaßen glatt bleiben.

Verwendung: In der Küche ist Lorbeer vielseitig verwendbar, muss aber aufgrund seines dominierenden Geschmacks sparsam dosiert werden. Die Blätter eignen sich vor allem für Marinaden zum Einlegen von Fleisch, Heringen und zum Kochen von Fischsud.

Lavandula angustifolia

Lavendel

Kultivierung: Der Lavendel bevorzugt im Garten einen sonnigen Standort mit gut durchlässigem, kalkhaltigem Boden. Er wird gerne als Rabattenpflanze, als Randbepflanzung von Rosenbeeten oder auf trockene Mauern oder in Steingärten eingesetzt. Die Jungpflanzen benötigen 30 cm Abstand. Die Vermehrung erfolgt durch Stecklinge im Frühjahr oder Herbst oder durch Teilung des Wurzelstocks im Herbst. Im ersten Jahr muss man den Blütenansatz abschneiden, damit die Pflanze buschiger wächst. Um die Pflanze dann in Form zu halten, wird sie jedes Jahr im Frühjahr geschnitten, ohne das alte Holz einzubeziehen. In sehr kalten Wintern setzt man die Pflanze am besten in einen Topf.

Der Lavendel ist in den Mittelmeerländern und auf den Kanarischen Inseln beheimatet. Dort überzieht er mitunter ganze Berghänge, er wird aber auch in Gärten und Kulturen angebaut. Der mehrjährige, winterharte Halbstrauch aus der Familie der Lippenblütler hat bis zu 60 cm hohe, dicht gedrängte Stängel, an denen lanzettliche, ganzrandige, silbergrau schimmernde Blätter sitzen, die aromatisch duften. Die kleinen, dunkelblauen bis violettblauen Blüten bilden vielblütige Wirbel und vereinigen sich zu einem bis zu 8 cm langen Blütenstand. Ältere Triebe verholzen am Grund. Blütezeit ist Juli/August.

Ernte: Die Blüten werden gepflückt, sobald sie sich öffnen. Zum Trocknen bindet man sie zu Sträußen zusammen und hängt sie kopfunter auf. Die Blätter für den Frischverbrauch können das ganze Jahr geerntet werden. Man trocknet sie an der Luft im Schatten und zerreibt sie.

Verwendung: Die frischen Blüten verwendet man (sparsam) zum Aromatisieren von Salatsoßen, Kräuterbutter, Essig und Öl. Lavendel gilt als ein wirkungsvolles Heilmittel bei Verbrennungen und Insektenstichen. In Südfrankreich ist der Lavendelhonig eine Spezialität.

Lepidum sativum

Gartenkresse

Die Gartenkresse kommt ursprünglich aus Vorderasien, wahrscheinlich aus Persien. Wild findet man sie auf Schutthalden und an Wegen. Die einjährige Kulturpflanze aus der Familie der Kreuzblütler wird etwa 50 cm hoch. Die Stängel sind kahl, bläulich grün und nach oben verzweigt. An ihnen sitzen kleine, gefiederte, hellgrüne, wechselständige Blätter. Die winzigen, weißen bis rosafarbenen, zwittrigen Blüten erscheinen im Juli. Es werden Schoten gebildet.

Kultivierung: Die Gartenkresse ist äußerst genügsam und stellt keine besonderen Ansprüche an den Boden. Gut wächst sie auf mageren Böden in sonnigen bis halbschattigen Lagen, selbst im Schatten gedeiht sie sehr gut. Mineralisch gedüngte Böden und Trockenheit verträgt sie jedoch nicht. Die ersten Aussaaten im Freiland können bereits Anfang März vorgenommen werden. Man sät im Reihenabstand von 15 cm mit 600 Korn pro laufendem Meter aus. Der Samen wird fest angedrückt (nicht mit Erde abdecken) und immer gut feucht gehalten. Die Keimzeit im Freiland beträgt 4 bis 8 Tage. Um laufend ernten zu können, muss alle 10 Tage gesät werden. Letzte Freilandaussaat ist Ende September.

Ernte: Man erntet fortlaufend die frischen Blätter, wenn die Pflanzen ca. 6 cm hoch sind. Zum Trocknen eignen sie sich nicht. Im Winter lässt sich die Kresse in einer Keimbox oder auf feuchtem Küchenkrepp leicht zum Keimen bringen.

Verwendung: Die Gartenkresse wird frisch auf Frischkäse- oder Quarkaufstriche, Butter- oder Schmalzbrote gestreut und für Salate verwendet. Gelegentlich werden die gehackten Blätter auf Gemüsesuppen oder Eierspeisen gestreut und geben dabei eine pikantscharfe Note.

Levisticum officinale

Liebstöckel

Der Liebstöckel ist ursprünglich in Südwestasien beheimatet und heute wild wachsend in allen gemäßigten Klimazonen zu finden. Die mehrjährige, winterharte, bis 2 m hohe Staude aus der Familie der Doldenblütler hat einen kräftig verzweigten, fleischigen Wurzelstock. Die dicken, hohlen Stängel haben lang gestielte, gefiederte, glänzend grüne, weiche Blätter und bilden am Ende ihrer obersten Verzweigung große Dolden mit unzähligen blassgelben Blütchen. Die Pflanze riecht intensiv nach Maggi. Blütezeit ist Juli/August.

Kultivierung: Im Garten braucht Liebstöckel einen sonnigen bis halbschattigen Platz mit tiefgründigem, feuchtem, nährstoffreichem Boden. Die Vermehrung erfolgt durch Aussaat im Frühjahr oder Sommer oder durch Wurzelteilung im Frühjahr oder Herbst. Da ein Exemplar der großen Pflanze in der Regel für den Kräutergarten ausreicht, ist es am einfachsten, Jungpflanzen zu kaufen. Bei eigener Aussaat sollte der Boden mit Kompost oder organischem Dünger angereichert sein, ehe man die Pflanzen einsetzt. Liebstöckel wird sehr hoch, deshalb muss der Standort gut gewählt sein. Die Pflanze kann bis zu 10 Jahren am selben Standort bleiben.

Ernte: Blätter zum Würzen werden am besten zu Beginn des Sommers geerntet. Erst im Herbst des zweiten Jahres werden die Wurzeln ausgegraben, gereinigt und an Schnüren zum Trocknen aufgehängt. Die Samen sammelt man an einem trockenen Tag, stülpt dazu eine Papiertüte über die Blüten und hängt sie an einem trockenen, luftigen Ort auf.

Verwendung: In der Küche lässt sich Liebstöckel vielseitig verwenden. Er eignet sich zum Würzen von Salaten, Eintopfgerichten und Soßen. Mit den Samenkörnern werden Brot und Käsegebäck gewürzt. Alle Teile der Pflanze können wie Sellerie gekocht werden.

Melissa officinalis

Zitronenmelisse

Ursprünglich stammt die Melisse aus dem Vorderen Orient, ist aber schon seit langem im Mittelmeerraum verbreitet. Die winterharte, mehrjährige, buschige Staude aus der Familie der Lippenblütler findet mit einem flach wachsenden, weit verzweigten Wurzelstock Halt im Boden. Aus ihm steigen vierkantige, verästelte, leicht behaarte Stängel bis zu 1 m hoch. Die hellgrünen Blätter sind weich, eiförmig, am Rand grob gesägt und netzartig geädert. In den Blattachseln sitzen unscheinbare, blassgelbe bis weiße Blüten. Bei Berührung verströmt die Pflanze einen intensiven Zitronenduft. Blütezeit ist von Juli bis August.

Kultivierung: Im Garten fühlt sich die Zitronenmelisse an einem sonnigen bis halbschattigen, windgeschützten Platz mit durchlässigem, humosem, feuchtem Boden am wohlsten. Es empfiehlt sich, den Boden mit Kompost anzureichern. Die Vermehrung erfolgt durch Samen oder Stecklinge im Frühjahr, bei großen Exemplaren auch durch Teilung des Wurzelstocks im Herbst. Die Anzucht aus Samen ist umständlich, denn die Jungpflanzen entwickeln sich nur sehr langsam. Fertige Jungpflanzen werden überall im Gartenfachhandel angeboten. Um das Wachstum neuer Triebe anzuregen, kürzt man die Pflanze an den Rändern. In rauen Gegenden braucht die Zitronenmelisse einen Winterschutz.

Ernte: Von Frühjahr bis Herbst können die zarten jungen Blätter und Triebe frisch geerntet werden. Kurz vor der Blüte ist die Würzkraft am stärksten. Damit das Aroma in den Blättern erhalten bleibt, pflückt man sie an einem warmen, sonnigen Tag und trocknet sie möglichst rasch.

Verwendung: Mit den frischen Blättern würzt man grüne Salate, Tomaten und Gurken sowie Fisch- und Fleischgerichte. Sie eignen sich auch als Beigabe zu Sommergetränken, Obstsalaten und Marmeladen.

Mentha x piperita

Pfefferminze

Die Minzen sind eine Pflanzengattung aus der Familie der Lippenblütengewächse. Die meisten der etwa 25 bis 30 Arten sind in den gemäßigten Gebieten der Nordhalbkugel beheimatet. Sie gedeihen meist an feuchten Standorten. Die aromatischen, ausdauernden, krautigen Pflanzen haben unterirdische Ausläufer oder Rhizome. Die aufrechten, bis 80 cm hohen, rötlich überlaufenen Stängel können verzweigt sein. Die gegenständigen Laubblätter haben meistens einen gezähnten oder gesägten Rand. Die Blüten sind in überwiegend vielblütigen Scheinquirlen angeordnet, die unterbrochene Scheinähren mit laubigen Tragblättern oder dichte Scheinähren mit kleinen Hochblättern bilden. Die Blütezeit ist von Juli bis Oktober.

Kultivierung: Die Pfefferminze braucht einen sonnigen bis halbschattigen, windgeschützten Platz mit humosem, durchlässigem und feuchtem Boden. Weil ihre Wurzeln sich schnell ausbreiten, besteht die Gefahr, dass sich die Pflanze stark ausbreitet. Wo dies unerwünscht ist, sollte rings um die Pflanze eine Bodenbarriere ca. 30 cm tief in die Erde eingelassen werden. Die Vermehrung erfolgt am besten durch Wurzelausläufer, die man die ganze Wachstumsperiode über abnehmen kann. Die ca. 10 cm langen Ableger legt man im Abstand von 30 cm in den Boden. In das Erdreich sollte zuvor reichlich Kompost eingearbeitet werden.

Ernte: Frische Blätter und Triebspitzen können während des ganzen Sommer gepflückt werden, kurz vor der Blüte haben sie den höchsten Aromagehalt. Man schneidet die Stängel dicht über dem Boden ab, bündelt sie und hängt sie zum Trocknen auf. Die getrockneten Blätter werden in luftdicht verschlossenen Gläsern aufbewahrt.

Verwendung: Die Pfefferminze passt als Würze sowohl zu pikanten als auch süßen Speisen. Die frischen Blätter geben Obstsalaten und Mixgetränken ein frisches Aroma. Der Pfefferminztee kann aus frischen und getrockneten Blättern zubereitet werden.

Nasturtium officinale

Brunnenkresse

Die Brunnenkresse wächst wild auch bei uns in fließenden Gewässern, aufgrund zunehmender Wasserverschmutzung findet man sie jedoch eher selten. Die wintergrüne, ausdauernde, krautige Staude hat hohle, runde, kahle Stängel, die bis zu 80 cm lang sind und im Wasser liegen. Die rundlichen Wurzelblättchen treiben am unteren Ende. Die kleinen, grasgrünen, unpaarig gefiederten, fleischigen Laubblätter bestehen meist aus zwei bis vier Fiederpaaren. Den ganzen Sommer über erscheinen kleine weiße Blüten.

Kultivierung: Die Brunnenkresse benötigt, um sich richtig entwickeln zu können, einen schattigen Standort und „nasse Füße". Gesät wird von Ende Mai bis Anfang Juli in einer wasserdichten Aussaatschale. Man deckt den Samen leicht mit Erde ab und hält ihn feucht. Nach 7 bis 21 Tagen keimt die Brunnenkresse. Sind die Pflanzen 5 cm groß, werden sie im Abstand von 15 x 15 cm pikiert. Hierzu nimmt man einen wasserdichten Kasten und füllt ihn bis zur Hälfte mit gut verrottetem Kompost. Sind die Pflanzen pikiert, wird so viel Wasser aufgefüllt, bis es 1 cm über der Erde steht. Alle 14 Tage sollte mit 12 g Flüssigdünger auf 1 l Wasser gedüngt werden. Man kann die Brunnenkresse auch im Uferbereich eines Gartenteichs pflanzen. Voraussetzung ist jedoch klares und sauberes Wasser. Im Winter wird die Brunnenkresse ins tiefere Wasser gesetzt, so schützt man sie vor Frosteinwirkungen.

Ernte: Triebspitzen und Blätter können den ganzen Sommer über geerntet werden, bei frostfreiem und hellem Standort sogar im Winter. Die Brunnenkresse lässt sich nur frisch verwenden.

Verwendung: Brunnenkresse schmeckt scharfwürzig und wird klein gehackt unter Salate gemischt, findet aber auch Verwendung bei Kräutersoßen und Quarkspeisen. Wertvoll ist sie durch ihren hohen Vitamin C-Gehalt.

Ocimum basilicum

Basilikum

Basilikum ist ursprünglich in Indien, dem Nahen Osten und auf einigen pazifischen Inseln beheimatet. Seit Jahrtausenden wird er auch in den Mittelmeerländern kultiviert. Basilikum ist ein einjähriges, sehr aromatisches, 20–40 cm hohes Kraut aus der Familie der Lippenblütler. Die buschig wachsende Pflanze hat gestielte, eiförmige, ganzrandige oder leicht gezähnte, hellgrüne Blätter und trägt in den Triebspitzen kleine, cremeweiße bis rötliche Blüten in endständigen Ähren. Blütezeit ist von Juli bis September.

Kultivierung: Basilikum braucht einen sehr sonnigen, warmen und windgeschützten Platz mit nährstoffreichem, humosem, durchlässigem Boden. Die frostempfindliche Pflanze wird am besten im Frühbeetkasten vorgezogen. Die Aussaat erfolgt Ende März in Saatschalen, die Samen nur leicht mit Erde bedecken (Lichtkeimer). Ausgepflanzt ins Freie wird ab Mitte Mai. Danach empfiehlt sich eine Vlies- oder Folienabdeckung, um die Pflanzen vor kalten Nächten zu schützen. Um einen buschigen Wuchs zu fördern, sollte man die Triebspitzen regelmäßig auskneifen. In unseren Breiten gedeiht Basilikum in Töpfen besser als im Freiland.

Ernte: Geerntet werden den ganzen Sommer über die frischen Blätter und jungen Triebe. Man schneidet die Stängel kurz vor der Blüte eine Handbreit über dem Boden ab, sodass die Pflanze neu austreiben kann. Zum Trocknen eignen sich die Blätter kaum, sie werden besser eingefroren oder in Öl eingelegt.

Verwendung: Die frischen Blätter passen besonders gut zu Tomaten mit Mozzarella, zu Nudelgerichten (Pesto) und zu Pizza. Basilikum sollte nicht mitgekocht und aufgrund seines intensiven Aromas nur sparsam verwendet werden.

Origanum majorana

Majoran

Der Majoran kommt ursprünglich aus Indien und ist heute in allen Ländern der gemäßigten Zonen verbreitet. Wild wächst er an sonnigen Hängen und Wegrändern. Die ausdauernde Staude aus der Familie der Lippenblütler wächst bis zu 50 cm hoch und wird oft nur wie eine einjährige Pflanze kultiviert. Die hellgrünen, runden, gegenständigen Laubblätter duften aromatisch. Die kleinen, weißen, lila- oder rosafarbenen Blüten sitzen in kompakten, fast kugeligen Blütenständen. Blütezeit ist von Juni bis September.

Kultivierung: Majoran gedeiht besonders gut auf einem humusreichen, lockeren Sand- oder Lehmboden an einem geschützten, sonnigen bis halbschattigen Platz. Die Pflanzen werden aus Samen gezogen (im Zimmer oder Frühbeet vorkeimen, nach Frostende pikieren und in Reihen im Abstand von 20 cm auspflanzen). Einfacher lässt sich der Majoran durch Wurzelteilung oder Wurzelstecklinge vermehren. Um die Blattbildung anzuregen, schneidet man laufend die Blütenknospen zurück. Nach 2 bis 3 Jahren sollen die Pflanzen ausgegraben, die Wurzeln geteilt und möglichst an anderer Stelle wieder ausgepflanzt werden.

Ernte: Blätter und Triebspitzen zum Sofortverbrauch schneidet man laufend, zum Trocknen vor oder spätestens während der Blüte, weil das Kraut dann die meisten Aromastoffe enthält. Man bündelt die Stängel und hängt sie kopfunter auf.

Verwendung: Majoran passt gut zu Pizza, Fleisch-, Kartoffel- und Tomatengerichten, Suppen und Eintöpfen. Er kann mitgegart werden.

Origanum vulgare

Origano

Die meisten *Origanum*-Arten kommen aus dem Mittelmeerraum, sind aber mittlerweile auch in vielen anderen Ländern zuhause und haben dort heimische Arten entwickelt, wenngleich unter verschiedenen Bezeichnungen. Die mehrjährige, winterharte Pflanze aus der Familie der Lippenblütler wächst bis zu 50 cm hoch. Die aufrechten, gegenständig stehenden, ovalen Stängel sind oft rötlich gefärbt und verdorren in der vollen Sonne. Die grünen Blätter riechen leicht aromatisch. Ab Juli zeigen sich rosarote Blüten in rispenartig verzweigten Büscheln. Diptam ist eine auf Kreta wachsende *Origanum*-Art.

Kultivierung: Origano braucht einen warmen, vollsonnigen, windgeschützten Platz mit einem trockenen, kalkhaltigen, gut durchlässigen Boden. Die Pflanze eignet sich sehr gut für Steingärten sowie für die Einfassung von Wegen und Beeten und gedeiht auch im Topf. Die Vermehrung erfolgt durch Aussaat der Samen im Frühjahr oder Herbst oder durch Sommerstecklinge. Die Jungpflanzen werden im Abstand von 25 cm gesetzt. In rauen Gegenden empfiehlt sich eine Reisigabdeckung im Winter. Im Frühjahr schneidet man die Pflanze bis dicht über dem Boden zurück.

Ernte: Die Ernte ist während des Sommers am ergiebigsten. In der Blütezeit hat das Kraut seine größte Würzkraft. Zum Ende der Wachstumsphase schneidet man es handhoch über der Erde ab und hängt es zum Trocknen in einen luftigen Raum.

Verwendung: In der italienischen Küche ist Origano unverzichtbar und gibt Pizza, Pasta, Fleisch- und Kartoffelgerichten einen charakteristischen Geschmack.

Petroselinum

Petersilie

Die Petersilie stammt aus Südeuropa, vor allem aus den Mittelmeerländern und wird heute überall auf der Welt kultiviert. Die zweijährige Pflanze aus der Familie der Doldenblütler treibt im ersten Jahr aus einer kräftigen Wurzel eine 20–30 cm hohe Rosette aus lang gestielten, mehrfach gefiederten Blättern. Im zweiten Jahr erscheinen 60 cm hohe Blütenstängel mit unscheinbaren, gelblich-grünen Dolden. Danach stellt die Pflanze das Blattwachstum ein. Blütezeit ist Juni/Juli. Die Krause Petersilie *(P. crispum)* hat hellgrüne Blätter mit krausen, gezähnten Rändern, die Glatte Petersilie *(P. crispum hortense)* trägt dunkelgrüne Blätter. Die Wurzelpetersilie *(P. crispum* var. *tuberosum)* ist eine mehrjährige Pflanze, meist als einjähriges Kraut gezogen, deren Wurzel bis 15 cm lang wird.

Kultivierung: Die Petersilie braucht einen sonnigen bis halbschattigen Platz mit einem tiefgründigen, feuchten, lockeren und nährstoffreichen Boden. Von Mitte März bis Ende Juli kann direkt ins Freiland ausgesät werden. Die Samen werden dünn im Reihenabstand von 30–40 cm und 3 cm tief ausgesät. Die Aussaat sollte aber jedes Jahr an einer anderen Stelle erfolgen, erst im vierten Jahr kann die Petersilie wieder am gleichen Platz wachsen. Sobald die Sämlinge groß genug sind, dünnt man im Abstand von 8 cm aus und verzieht später im Abstand von 15 cm. Immer gut wässern. Im zweiten Jahr bildet das Kraut schnell Samen aus.

Ernte: Sobald die Petersilie kräftig genug ist, können die Blätter laufend bis zur Blüte geerntet werden. Petersilieblätter lassen sich trocknen oder frisch einfrieren.

Verwendung: Petersilie eignet sich zum Garnieren, vor allem als „Bouquet garni", zum Würzen von Soßen, Füllungen und Fisch. Glatte Petersilie schmeckt besser als krause.

Pimpinella anisum

Anis

Ursprünglich im östlichen Mittelmeerraum beheimatet, wird Anis heute weltweit in den gemäßigten Klimagebieten angebaut. Die einjährige Pflanze aus der Familie der Doldenblütler wächst 30–60 cm hoch. Die aufrechten Stängel sind leicht behaart und tragen leuchtendgrüne, aromatisch duftende Blätter, die unten am Stängel lang gestielt und gelappt sind, oben dicht am Stängel sitzen und fein gefiedert sind. Im Juli/August erscheinen kleine, weiße, in flachen Dolden angeordnete Blüten.

Kultivierung: Anis bevorzugt einen warmen, sonnigen Platz mit einem gut durchlässigen, kalkhaltigen, nährstoffreichen Boden. Kühle und verregnete Sommer sind ungünstig für die Kultur, da der Samen bis zu einem Monat zum Keimen braucht und die Früchte nicht mehr richtig ausreifen können. Die Vermehrung erfolgt durch Aussaat, breitwürfig oder in Reihen, Ende März, Anfang April. Die Samen müssen gut von Erde bedeckt sein (Dunkelkeimer). Später werden die Sämlinge im Abstand von ca. 15 cm vereinzelt. Sie vertragen es nicht, verpflanzt zu werden. Die Anispflanze besitzt durchaus Zierwert und kann auch in einem Staudenbeet Platz finden.

Ernte: Die Blätter und Blüten können laufend geerntet werden. Wenn sich im August/September die Früchte verfärben, werden die reifen Dolden abgeschnitten und zum Trocknen aufgehängt. Nach dem Trocknen schüttelt man die Samen vorsichtig aus und bewahrt sie in luftdichten Gläsern auf.

Verwendung: Die aromatischen Blätter werden gerne unter Salate gemischt. Die getrockneten Samen dienen vor allem zum Würzen von Gebäck und Brot.

Portulaca oleracea

Portulak

Der Portulak kommt vermutlich aus Indien und Westchina und ist heute weltweit in den gemäßigten Zonen verbreitet. Die einjährige, krautige, sukkulente Pflanze wird 20–30 cm hoch: Sie verzweigt sich von der Basis mit niederliegenden und aufstrebenden Trieben. Die Sprossen sind grün und können bei sonnigem Stand purpurn überhaucht sein. Die frischgrünen, fleischigen Blätter sind stumpf spatelförmig und stehen wechselständig an den Zweigen. Von Mai bis September erscheinen gelbliche Blüten

Kultivierung: Portulak ist frostempfindlich und braucht einen warmen, sonnigen und geschützten Platz mit humosem, durchlässigem, eher sandigem Boden. Kühle und verregnete Sommer sind für die Kultur ungünstig. Ab Mitte Mai wird ins Freiland im Reihenabstand von 15 cm gesät. Die Samen drückt man leicht an, ohne sie jedoch mit Erde zu bedecken. Wird alle 4 Wochen nachgesät, kann laufend geerntet werden, bis das Wetter kühler wird.

Ernte: Zum Sofortverbrauch in der Küche verwendet man nur frische, junge Blättchen. Für die Zubereitung von Tees wird das ganze blühende Kraut geerntet, indem man es handbreit über dem Boden abschneidet. Dann wird es gebündelt und an einem schattigen, luftigen Ort zum Trocknen aufgehängt.

Verwendung: Mit den frischen, jungen, leicht säuerlich, nussig schmeckenden Blättern lassen sich Quarkaufstriche, Salate, Soßen und Suppen verfeinern.

Rosmarinus officinalis

Rosmarin

Der Rosmarin ist im Mittelmeerraum beheimatet und in allen gemäßigten Regionen weit verbreitet. Der winterharte, immergrüne, dicht verzweigte Strauch aus der Familie der Lippenblütler wächst 30–200 cm hoch. Auf einer verholzten Wurzel stehen die Äste mit borkenartiger Rinde. Aus ihnen wachsen im Frühjahr zahlreiche hellgrüne, flaumig behaarte Triebe mit graugrünen, nadelartigen, derben Blättern. Aus den Blattachseln entwickeln sich viele Kurztriebe, an denen blaue, weiße oder rosa Blüten in Wirbeln eine Art Krone bilden. Blütezeit ist Mai/Juni. Beim Zerreiben duften alle Teile der Pflanze aromatisch.

Kultivierung: Rosmarin bevorzugt einen leichten, durchlässigen, humosen Boden an einem vollsonnigen, geschützten Platz. Die Vermehrung erfolgt durch Aussaat im Frühjahr. Einfacher geht es mit der Pflanzung von Kopfstecklingen im Sommer, die im Frühherbst geschnitten wurden. Die Jungpflanzen werden im Abstand von 40–100 cm gesetzt. Rosmarin eignet sich für die Rabatte, als Heckenpflanze, vor allem auch für die Topfkultur. In unseren Breiten sollte die Pflanze im Freiland einen Winterschutz erhalten, als Kübelpflanze an einem hellen, kühlen Platz im Haus überwintern.

Ernte: Da Rosmarin ein immergrüner Strauch ist, lassen sich das ganze Jahr über frische Blätter und junge Triebspitzen ernten. Wer sich einen größeren Vorrat zulegen will, pflückt die Blätter im Sommer und trocknet sie oder legt sie in Öl ein.

Verwendung: Sparsam dosiert passt Rosmarin sehr gut zu Lamm, Kalbfleisch, Geflügel und Kaninchen. Suppen und Eintöpfe erhalten eine ganz eigene Note durch die Beigabe von ganzen Zweigen, die man vor dem Servieren herausnimmt.

Rumex acetosa

Sauerampfer

Der Sauerampfer ist in den nördlichen Breiten Europas, Asiens und Amerikas verbreitet. Wild wächst er auf sauren Wiesen, entlang von Bächen und Flüssen und an Gehölzsäumen. Die mehrjährige, winterharte, robuste Staude aus der Familie der Knöterichgewächse wächst 60–120 cm hoch und hat dicke, lange pfeilförmige Blätter. Die fleischige, weit reichende Wurzel dringt bis 1 m tief in das Erdreich ein und lockert es. Ab Mai sprießen unscheinbare, zunächst grüne, später rotbraune Blüten hervor und bilden schlanke, lockere Ähren.

Kultivierung: Der Sauerampfer ist eine anspruchslose Pflanze, die jedoch am besten an einem schattigen bis halbschattigen Platz in einem tiefgründigen, feuchten Boden gedeiht. Ausgesät wird im Reihenabstand von 35 cm von Ende März bis Ende Mai für die Ernte im folgenden Jahr von Anfang bis Ende August. Die Keimzeit beträgt je nach Witterungsverlauf zwischen 7 und 21 Tagen. Nach dem Auflaufen wird auf 35 cm in der Reihe vereinzelt. Die Blütenstände sollten, sobald ersichtlich, entfernt werden, denn sie kosten die Pflanzen unnötig viel Kraft.

Ernte: Die frischen jungen Blätter erntet man laufend, nur die Herzblätter bleiben bei der Ernte stehen. Ältere Blätter schmecken bitter.

Verwendung: Frische junge Sauerampferblätter können zu Salaten und grüner Frankfurter Soße verwendet werden. Kurz in Salzwasser gekocht und dann in Butter gedünstet, ist Sauerampfer ein sehr schmackhaftes Gemüse. Sauerampfer dient auch als säuerliche Würze zu Kerbel- und Kartoffelsuppen und Linsen.

Ruta graveolens

Weinraute

Die Weinraute war ursprünglich in den südeuropäischen Mittelmeerländern beheimatet. Inzwischen hat sie sich kälteren klimatischen Bedingungen angepasst und ist auch in Nordeuropa, Nordamerika und Asien zu finden. An dem winterharten, immergrünen 50–80 cm hohen Halbstrauch aus der Familie der Rautengewächse fällt besonders das schöne, graublaue Blattwerk auf. Hält man das zierlich gegliederte Laub gegen das Licht, sind durchscheinende, nadelstichartige Löcher zu erkennen. Das sind Drüsen, die mit ätherischem Öl gefüllt sind. Sie werden besonders an heißen Tagen aktiv und verströmen einen bitteraromatischen Geruch. Auch die zahlreich in einer Scheindolde angeordneten gelben Blüten sind mit Öldrüsen besetzt. **Wichtig:** Die Berührung der Pflanze kann allergische Reaktionen hervorrufen! Blütezeit ist von Juni bis August.

Kultivierung: Die Weinraute braucht einen geschützten, sonnigen Platz mit durchlässigem, magerem, etwas kalkhaltigem Boden. Im April kann direkt an Ort und Stelle ausgesät werden. Später setzt man die Jungpflanzen im Abstand von 35 cm auseinander. Die Vermehrung erfolgt einfach über Stockteilung oder Stecklinge im Spätsommer. In rauen Gegenden benötigt die Raute etwas Winterschutz.

Ernte: Junge Blätter zum Sofortverbrauch können den ganzen Sommer über geerntet werden. Zum Trocknen schneidet man ganze Triebe ab und hängt sie zum Trocknen an einem luftigen Platz auf. Wegen der allergischen Wirkung der ätherischen Öle trägt man beim Ernten am besten Handschuhe.

Verwendung: Aufgrund des bitteren Geschmacks verwendet man junge, zarte Blättchen nur sehr sparsam zum Würzen von Wild, Soßen und Aufläufen.

Salvia officinalis

Salbei

Die Gattung *Salvia* ist weltweit von tropischen bis in gemäßigte Gebiete verbreitet. Sie umfasst 800 bis 1100 ein-, zwei- und mehrjährige Arten. Der 30–60 cm hohe, aromatisch duftende, ausdauernde Halbstrauch aus der Familie der Lippenblütler hat eine tief reichende, teils verholzte Pfahlwurzel, aus der ein vielfach verzweigter, vierkantiger, graufilzig behaarter Stängel aufsteigt. Die elliptischen, gegenständigen, grünlichgrauen, unterseits feinrunzligen Blätter variieren in der Farbe ebenso wie im Geschmack. An den Enden der Triebe sitzen blauviolette, lockere Blüten, die eine große Anziehungskraft auf Bienen ausüben. Blütezeit ist Juli/August.

Kultivierung: Der Salbei braucht einen windgeschützten, sonnigen, warmen Platz mit einem mäßig trockenen, durchlässigen, kalkhaltigen Boden. Die Aussaat ist im Frühjahr möglich, einfacher erfolgt die Vermehrung jedoch durch Kopfstecklinge, die vom Frühjahr bis zum Herbst geschnitten werden. Damit das Kraut buschig wächst, sollte der Strauch im Frühling und Spätsommer nach der Blüte gestutzt werden. Ausgewachsene Pflanzen kann man im Frühjahr kräftig zurückschneiden. In kalten Wintern friert der Salbei zurück, treibt aber nach dem Rückschnitt wieder neu aus.

Ernte: Für den Sofortverbrauch können die Blätter laufend geerntet werden, die jungen, zarten Blätter sind am würzigsten. Zum Trocknen schneidet man kurz vor der Blüte ganze Triebspitzen ab und breitet sie im Schatten locker auf einem Tuch aus.

Verwendung: Fleisch- und Pilzgerichte, Nudeln und Soßen lassen sich wunderbar mit frischen Blättern verfeinern. Salbeitee wirkt heilsam bei Halsentzündungen und entzündetem Zahnfleisch.

Sanguisorba minor

Pimpinelle

Die Pimpinelle stammt ursprünglich aus dem Mittelmeerraum, ist aber schon seit dem Mittelalter in Mitteleuropa heimisch. Wild wächst sie auf trockenen Wiesen und an sonnigen Feldrainen. Die mehrjährige, krautige Staude aus der Familie der Rosengewächse erreicht Wuchshöhen von 20–100 cm. Am aufrechten Stängel sitzen hellgrüne, rosettig angeordnete Laubblätter mit 3–12 Paaren eiförmiger Fiederblätter. Von Mai bis August treibt die Pflanze rötlich-grüne Blütenköpfchen von 1–3 cm Durchmesser aus.

Kultivierung: Die Pimpinelle ist eine recht anspruchslose Pflanze, die am besten an einem geschützten, sonnigen Platz, aber auch im Halbschatten gedeiht. Ideal ist ein magerer, trockener Boden. Die Aussaat erfolgt von März bis April direkt ins Freiland. Empfohlener Reihenabstand ist 25 cm. Die Keimzeit beträgt bei Freilandaussaaten je nach Witterungsverlauf 14 bis 28 Tage. Nach Auflauf der Pflanzen wird auf 25 cm in der Reihe vereinzelt. Die Pimpinelle ist eine Staude, die alle zwei Jahre neu gesät werden sollte, weil ältere Pflanzen mit der Zeit verkümmern.

Ernte: Die jungen Blätter erntet man laufend am besten während der Blütezeit von Juni bis September. Die Wurzeln gräbt man im Frühjahr oder Spätherbst aus. Beim Trocknen verliert das Kraut sein Aroma, lässt sich aber gut einfrieren.

Verwendung: In Essig oder Zitronensaft eingelegte Pimpinelle wird gern zu Salaten genommen. Gut schmecken auch die jungen Blätter auf Butterbrot oder Quarkschnitten sowie feingehackt zu Fisch, Eierspeisen, Gemüse und Salzkartoffeln, grünen Soßen und als Suppenkraut.

Satureja hortensis

Sommerbohnenkraut

Das Sommerbohnenkraut hat seinen Ursprung im Mittelmeerraum und wurde überall dort, wo es ähnliche Klimagegebenheiten vorfand heimisch. Die einjährige, nicht frostharte Pflanze aus der Familie der Lippenblütler wächst bis zu 40 cm hoch mit einem an der Basis verholzenden, sich strauchartig verzweigenden, rötlich überhauchten Stängel. Die dunkelgrünen, schmalen, spitzen Blätter stehen gegenständig. In den Blattachseln bilden sich ab Juli Büschel von kleinen, unscheinbaren, weißen bis violettroten Blüten. Das Kraut duftet intensiv aromatisch.

Kultivierung: Das Sommerbohnenkraut gedeiht am besten an einem vollsonnigen, windgeschützten Platz mit eher trockenem, humosem, eher sandigem Boden. Die wärmebedürftige Mittelmeerpflanze wird im April am Fensterbrett oder im warmen Frühbeet ausgesät und nach den Eisheiligen an den vorgesehen Platz im Garten gepflanzt. Ab Mitte Mai ist auch die Aussaat direkt ins Freiland mit späterem Vereinzeln auf 25 x 25 cm möglich. Die Samen dürfen jedoch nur leicht mit Erde bedeckt werden (Lichtkeimer).

Ernte: Von Frühjahr bis Herbst können frische Blätter und junge Triebe geerntet werden, der beste Erntezeitpunkt ist kurz vor der Blüte. Die dicht über dem Boden abgeschnittenen Kräuter werden gebündelt und an einem schattigen, luftigen Ort getrocknet. Nach dem Trocknen rebelt man die Blätter ab und bewahrt sie luftdicht auf.

Verwendung: Das Sommerbohnenkraut kann Pfeffer und Salz ersetzen und eignet sich deshalb gut für eine Diät. Es passt gut zu fettem Fleisch sowie zu Gemüse und Hülsenfrüchten, sollte aber nur sparsam eingesetzt werden.

Satureja montana

Bergbohnenkraut

Das Bergbohnenkraut hat seine Heimat im gesamten Mittelmeerraum und Südwestasien. Der winterharte, mehrjährige, immergrüne und robuste Halbstrauch wird bis 40 cm hoch. Die Stängel sind ganz oder nur im unteren Teil verholzt, im oberen Teil kurz behaart und häufig auch etwas violett überlaufen. An ihm sitzen glänzend grüne, ganzrandige, ledrige, am Rande behaarte Blätter, die aromatisch duften. Im Spätsommer erscheinen zierliche, rosa bis zartlila Blüten.

Kultivierung: Das Bergbohnenkraut braucht einen vollsonnigen, geschützten Platz mit gut durchlässigem, kalkhaltigem Boden. Die Vermehrung erfolgt durch Aussaat (Lichtkeimer!) im späten Frühjahr oder durch halbreife Stecklinge im Spätsommer. Die Jungpflanzen benötigen einen Abstand von 25 cm. Nach der Blüte oder im zeitigen Frühling bei Austriebsbeginn schneidet man die Pflanze etwa handhoch zurück. Dabei darf man nicht in altes Holz schneiden, da sie dann mitunter nicht mehr austreibt. Es empfiehlt sich, die Pflanze im Winter vor strengem Frost mit einer Reisigabdeckung zu schützen. Das Bergbohnenkraut eignet sich für die Rabatte sowie zur Einfassung von Beeten.

Ernte: Frische Blätter und Triebspitzen können ganzjährig geerntet werden. Zum Trocken ist der beste Zeitpunkt kurz vor der Blüte, da das Aroma dann besonders intensiv ist.

Verwendung: Das pfeffrig würzige Bergbohnenkraut passt wie das Sommerbohnenkraut zu deftiger Hausmannskost, fettem Fleisch und Wild sowie zu Bohnen und anderem Gemüse.

Sedum reflexum

Tripmadam

Kultivierung: Tripmadam fühlt sich am wohlsten an einem sonnigen Platz mit sandigem, magerem Boden. Er eignet sich deshalb vor allem für den Steingarten, aber auch als Wegeinfassung. Aussaat ist zwar möglich, man besorgt sich jedoch am besten in der Gärtnerei Jungpflanzen, die im Garten problemlos anwachsen und sich ausbreiten. Vom Frühjahr bis zum Herbst kann man Einzeltriebe als Stecklinge einsetzen, die dann rasch bewurzeln.

Ernte: Die nicht blühenden Triebspitzen können das ganze Jahr über frisch geerntet werden. Getrocknet verliert Tripmadam das Aroma völlig. Man kann es deshalb nur einfrieren oder in Öl einlegen.

Tripmadam kommt in Mittel- und Nordeuropa vor und wächst wild häufig auf Dünen und Felsköpfen, Mauerkronen, an Dämmen und in Feinschutthalden. Die winterharte, mehrjährige, krautige Pflanze aus der Familie der Dickblattgewächse erreicht Wuchshöhen von 10–20 cm. Die sterilen Stängel enden mehr oder weniger kegelförmig. An ihnen sitzen etwa 2 cm lange, hellgrüne, schmale, vorne zugespitzte, fleischige Blätter, die Wasser speichern. Die goldgelben Blüten öffnen sich von Juni bis August.

Verwendung: Das frische Kraut schmeckt säuerlich und eignet sich sparsam dosiert als Würze für Salate, Soßen und Suppen. Mit einzelnen Trieben lassen sich kalte Platten dekorieren.

Sinapis alba, S. nigra

Senf

Sowohl der weiße, als auch der schwarze Senf stammen aus dem Mittelmeerraum und gehören der Familie der Kreuzblütler an. Die Samenkörner des Weißen Senfs sind gelblichweiß, die des Schwarzen Senfs dunkelbraun und schärfer im Geschmack. Die Samen wachsen in waagerecht vom Stängel abstehenden Schoten heran. Die einjährigen, krautigen Pflanzen erreichen Wuchshöhen von bis zu 120 cm. An ihren kantigen, verzweigten Stängeln sitzen formenreich gegliederte, gezähnte, rau behaarte Blätter. Die oberen Blätter sind gestielt und fiederspaltig, geteilt bis gefiedert. Im Juni/Juli erscheinen zahlreiche gelbe Blüten in lockeren Doldentrauben.

Kultivierung: Der Senf gedeiht besonders gut an einem warmen, sonnigen Platz mit kalkhaltigem, lehmigem oder sandigem Boden. Ausgesät wird von März bis Mai in Reihen mit 30 cm Abstand. Wurde der Boden mit Kompost oder einem anderen organischen Dünger versorgt, sind weitere Nährstoffgaben nicht mehr nötig.

Ernte: Die jungen Blätter können den ganzen Sommer geschnitten werden. Wenn die Schoten zu trocknen beginnen, werden die Samenkörner gesammelt. Dazu lässt man die Schoten auf einem Tuch nachtrocknen, löst die Körner heraus und lässt sie noch einige Tage ausgebreitet liegen. Sind sie völlig trocken, werden sie in Schraubgläser gefüllt.

Verwendung: Mit den jungen, scharf schmeckenden Blättern lassen sich Salate oder Eintopfgerichte würzen. Die Senfkörner dienen als Gewürz für eingelegte Gurken und Sauerkraut. Gemahlen kann man sie als Würze verwenden.

Symphytum officinale

Beinwell

Der Beinwell stammt ursprünglich aus Europa und Asien, ist aber bereits seit dem 17. Jahrhundert auch in Amerika heimisch. Das Kraut kommt wild an Bachufern und feuchten Gräben vor. Die winterharte, mehrjährige, bis zu 1 m hohe Staude aus der Familie der Raublattgewächse hat eine tief reichende Pfahlwurzel, einen vierkantigen, rauhaarigen, im oberen Bereich verzweigten Stängel mit lanzettlichen, matt grünen, ebenfalls behaarten Blättern und glockenförmige, rötlich-violette oder weiße Blüten, die in lockeren Trauben stehen. Blütezeit ist von Mai bis August.

Kultivierung: Der Beinwell bevorzugt einen Standort mit etwas Sonne im lichten Schatten und einen tiefgründigen, feuchten Boden. Durch eine Abdeckung mit Mulch sollte die Verdunstung verringert werden. Der Pflanze muss ausreichend Raum gegeben werden, denn sie gedeiht üppig. Am besten man besorgt sich Jungpflanzen in der Gärtnerei, die im Abstand von 50 x 60 cm tief in die Erde gesetzt werden. Die Vermehrung erfolgt durch Teilung im zeitigen Frühjahr oder Spätsommer.

Ernte: Frische Blätter zum Verbrauch können laufend vom Frühjahr bis zum Herbst geschnitten werden. Im Spätherbst gräbt man die Wurzelstöcke aus, schneidet sie der Länge nach durch, reiht sie auf Schnüre und hängt sie zum Trocknen auf.

Verwendung: Frische, junge, noch unbehaarte Blätter werden als Salat und Gemüse zubereitet. In der Volksmedizin sind die Wurzeln von Bedeutung.

Taraxacum officinale

Löwenzahn

Kultivierung: Der Löwenzahn ist meist ein ungeliebter Gast im Garten und wird vor allem auf dem Rasen lästig. Die Wiederentdeckung einer natürlichen Ernährung hat ihn jedoch wieder auf den Speiseplan gerufen. Die Pflanze ist äußerst anspruchslos und gedeiht sowohl in der Sonne als auch im Schatten sowie auf jedem Boden. Ausgesät wird im März/April in Reihen mit 50 cm Abstand. Danach dünnt man etwas aus und achtet darauf, dass sich keine Samenstände entwickeln.

Ernte: Zum frischen Verbrauch in der Küche werden nur die zarten Blätter des Frühjahrs kurz vor der Blüte geschnitten.

Der Löwenzahn ist in ganz Nordeuropa verbreitet, kommt aber auch in Asien und Nordamerika vor. Die ausdauernde Staude aus der Familie der Korbblütler besitzt eine kräftige, fleischige Pfahlwurzel. Aus ihr wachsen zahlreiche 6–30 cm lange, gezähnte Blätter, die dreieckige Lappen bilden. In den Blattachseln entspringen bis zu 60 cm lange Blütenstandstiele. An ihrem oberen Ende stehen dicht spiralig verteilt 30–40 abstehende Hochblätter. Der Blütenstand ist eine Scheinblüte, in dem viele gelbe Zungenblüten zu einem tellerförmigen Körbchen zusammengefasst sind. In ihm öffnen sich die Einzelblüten ringförmig von außen nach innen. Von April bis Mai schließt sich der Blütenstand jeweils bei Nacht, Regen oder Trockenheit und schließlich beim Verblühen.

Verwendung: Die zarten Blätter dienen als Würze für Salate, Frühlingssuppen und Kräutersoßen. Pikant mariniert ergeben sie einen vitaminreichen und würzigen Salat.

Thymus vulgaris

Thymian

Es gibt viele unterschiedliche Thymianarten und -sorten, die in unterschiedlichen Gegenden überall auf der Welt wachsen. In ihrem Aussehen unterscheiden sie sich stark voneinander. Der Gartenthymian ist ein mehrjähriger, immergrüner, winterharter, bis 40 cm hoher, stark verästelter und aromatisch riechender Halbstrauch aus der Familie der Lippenblütler. An den aufrechten, holzigen, behaarten Ästen sitzen winzige, oberseits graugrüne, kreuzständig stehende Blättchen. An den Zweigenden erscheinen rosafarbene Blüten in kugeligen Trauben. Blütezeit ist von Mai bis September.

Kultivierung: Im Garten gedeiht der Thymian an einem geschützten, warmen, sonnigen bis halbschattigen Standort mit sandigem, durchlässigem, nicht zu nährstoffreichem Boden. Auch der Steingarten bietet sich hier an. Thymian lässt sich aus Samen anziehen, einfacher jedoch ist es, im Mai Jungpflanzen zu setzen. Die Vermehrung erfolgt durch im Frühjahr abgenommene Kopfstecklinge, die Pflanze sät sich aber auch selbst aus. Wenn man die welken Blätter immer wieder entfernt und die Pflanze nach der Blüte leicht zurückschneidet, dankt sie es mit vermehrtem und dichtem Wachstum. In rauen Gegenden empfiehlt sich ein Winterschutz mit Reisig.

Ernte: Von Frühjahr bis Herbst schneidet man junge Blätter und Triebspitzen. Zum Trocknen werden ganze Stängel vor der Blüte geerntet und gebündelt aufgehängt. Die getrockneten Blättchen rebelt man ab und bewahrt sie luftdicht auf.

Verwendung: Das scharfe Aroma des Thymians gibt vielen würzigen Gerichten eine eigene Note. Für viele Feinschmecker ist eine Füllung für Schweine- oder Geflügelbraten ohne Thymian nicht perfekt.

Tropaeolum majus

Kapuzinerkresse

Die Kapuzinerkresse stammt ursprünglich aus Peru und Bolivien, wird aber heute überall auf der Welt kultiviert. Die einjährige Pflanze aus der Familie der Kapuzinerkressengewächse rankt mit bis zu 5 m langen Sprossen an Gerüsten hoch oder bedeckt ganze Bodenflächen. Die schildförmigen, lang gestielten ungeteilten, schildförmig runden Blätter schmecken nach Pfeffer. Der Stiel setzt unter der Blattmitte an. Auffallend sind vor allem die orangefarbenen, rotgestreiften, trichterförmigen Blüten, deren Kelch einen Sporn aus fünf Blütenblättern trägt, aus denen sich kugelige Früchte entwickeln. Blütezeit ist von Juni bis Oktober.

Kultivierung: Die Kapuzinerkresse braucht einen sonnigen bis halbschattigen Platz. Der Boden sollte durchlässig und nährstoffarm sein, bei nährstoffreichem Boden wuchern die Blätter auf Kosten der Blüten. Die Kapuzinerkresse ist nicht frosthart und verträgt keine Temperaturen unter 4 °C. Sobald sich der Boden erwärmt hat und keine Fröste mehr zu erwarten sind, kann die Aussaat direkt ins Freiland in Reihen mit 20 cm Abstand erfolgen.

Ernte: Blüten und Blätter zum sofortigen Verbrauch können den ganzen Sommer geerntet werden, sie lassen sich nicht trocknen. Die Samenhülsen werden kurz bevor sie ihre grüne Farbe verlieren gesammelt.

Verwendung: Frische Blätter und Blüten lassen sich als Salat zubereiten oder als Salatzutat verwenden. Die Blütenknospen eignen sich, in Essig und Öl eingelegt, als Kapernersatz.

Urtica dioica, U. urens

Brennnessel

Brennnesselgewächse kommen überall in der Welt in über 30 Arten vor. Alle Arten sind starkwüchsig und finden sich bevorzugt in der Nähe menschlicher Behausungen, die Kleine Brennnessel *(U. urens)* vor allem in Gärten, an sonnigen bis schattigen Plätzen auf stickstoffreichem Boden. Jedes Frühjahr entsprießt dem kriechenden Wurzelstock der Pflanze ein vierkantiger, aufrechter Stängel, der bis zu 120 cm hoch werden kann. Die Blätter stehen gegenständig, sind herzförmig, oval, grob gesägt und laufen spitz zu. Die zweihäusigen, kleinen, grünen Blüten bilden hängende Rispen. Die Brennborsten der Stängel und Blätter brechen leicht ab und sondern dabei einen scharfen Saft ab, der die Haut reizt und sogar zu einem schmerzenden Hautausschlag führen kann. Blütezeit ist von Juli bis September.

Kultivierung: Für den Gärtner ist die Brennnessel eher eine Plage, andererseits jedoch eine ausgesprochen nützliche Pflanze, da sie Schmetterlinge anlockt und einen Leckerbissen für Raupen darstellt. Brennnesseln gedeihen bevorzugt an sonnigen bis schattigen Plätzen auf stickstoffreichem Boden. Ein günstiger Standort wäre eine naturbelassene Ecke im Garten, wo sie und andere Wildkräuter und -blumen wachsen können. Die Vermehrung erfolgt durch Samen oder Teilung des Wurzelstocks im Frühjahr.

Ernte: Von Juni bis September werden die frischen Blätter gesammelt, die man vorsichtig (mit Handschuhen!) von den Stängeln streift, um sie dann (für die Zubereitung von Tee) an der Luft zu trocknen.

Verwendung: Die jungen, frischen Blätter lassen sich wie Spinat zubereiten. Mit den getrockneten Blättern wird ein entwässernder Tee aufgebrüht. Das ganze Kraut wird zur Herstellung eines Brennnesselsaftes verwendet.

Kräuter ernten und konservieren

In der Regel werden Kräuter das ganze Jahr über frisch geerntet und gleich verwertet. Viele, vor allem die mehrjährigen Gewächse, liefern in den Sommermonaten so viel würziges Grün, dass man auch ausreichend Vorräte für den Winter anlegen kann.

Kräuter ernten

Bei Kräutern, die konserviert werden sollen, sind der richtige Erntezeitpunkt, die Tageszeit und die Witterung entscheidend. Dabei ist unbedingt zu beachten, dass man die Pflanzen nicht regelrecht „plündert", da einerseits meist mehr gepflückt wird, als verbraucht werden kann und andererseits die Gewächse dies nicht verkraften. Wurde allerdings für die Konservierung so reichlich angebaut, dass immer noch genügend Kräuter für den frischen Verbrauch übrig bleiben, kann man großzügig ernten und dann ausdauernde Pflanzen bis zur Hälfte zurückschneiden.

Im Hochsommer erreichen die meisten Würzkräuter kurz vor der Blüte den Höhepunkt ihrer Reife und haben den höchsten Gehalt an ätherischen Ölen und anderen wertvollen Inhaltsstoffen. Wer jetzt erntet, gewinnt den größten Reichtum an Düften und aromatischer Würze. Blätter und Triebe sollten möglichst mit der Hand gepflückt werden. Nur bei sehr harten Stängeln nimmt man ein scharfes Messer oder eine Schere zur Hand. Der günstigste Zeitpunkt ist der späte Vormittag an einem sonnigen Tag, wenn der Tau auf den Pflanzen gerade abgetrocknet

Bei harten Stängeln nimmt man ein scharfes Messer oder eine Schere.

In einem Körbchen werden die geernteten Kräuter locker aufeinander gelegt.

ist. Die sommerliche Hitze darf die Blätter noch nicht ermattet haben, sie sollen frisch und voller Saft sein. Man erntet nur gesunde Blätter und Triebe. Zum Sammeln eignet sich ein luftiges Weidekörbchen, in dem die Pflanzen locker aufeinander gelegt werden. Kräuter für den Sofortverbrauch in der Küche können während der ganzen Wachstumsperiode geschnitten werden, solange Blätter und Triebe noch grün und aromatisch sind. Anders als bei den zum Konservieren bestimmten Kräutern kommt es hier nicht vorrangig auf den Zeitpunkt des höchsten Wirkstoffgehalts, sondern auf die Frische an. Samen zum Beispiel von Fenchel oder Kümmel erntet man, sobald sie reif sind und von selbst ausfallen. Ganze Pflanzen zum Trocknen werden kurz vor der Blüte gepflückt. Erntegut, das nicht sofort verbraucht wird, sollte an einem luftigen, schattigen Platz zwischengelagert werden.

Kräuter ernten

Kräuter trocknen

Beim Trocknen wird der Pflanze möglichst schnell das Wasser entzogen, gleichzeitig bleiben dabei die Aromastoffe erhalten. Am einfachsten und schonendsten lassen sich Kräuter an der Luft trocknen. Dafür kann ein trockener Schuppen, ein luftiger Speicher oder ein Gartenhäuschen genutzt werden. Da Luftzirkulation noch wichtiger als Wärme ist, muss man in geschlossenen Räumen die Fenster öffnen. An der prallen Sonne würden sich die ätherischen Öle und Aromastoffe rasch verflüchtigen. Die zum Konservieren bestimmten Pflanzenteile sollten in der Regel vor dem Trocknen nicht gewaschen, sondern nur vorsichtig ausgeschüttelt werden, um Kleintiere und lose Blättchen zu entfernen. Handelt es sich nicht um bereits abgezupfte Einzelblätter, Triebspitzen oder Blüten, dann kann man die Kräuterstängel mit einem Faden zusammenbinden und kopfunter zum Trocknen aufhängen. Es ist darauf zu achten, dass sich die Pflanzen nicht gegenseitig berühren. Ein ausgebreitetes weißes Tuch nimmt die während des Trockenvorgangs abfallenden Blättchen auf.

Zum Trocknen werden die Kräuterstängel zu Sträußchen zusammengebunden...

> **Tipp**
>
> Kräuter lassen sich zum Trocknen auch auf einem Holzrahmen, der mit einem luftigen Gewebe bespannt ist, auslegen.

... und an einem luftigen Ort kopfunter aufgehängt.

Samenkörner mit meist harten Schalen sind wesentlich weniger empfindlich als zarte Blätter und Blüten und können deshalb an der Sonne getrocknet werden. Da die Reife für die Entfaltung des Aromas entscheidend ist, bereitet es manchmal Schwierigkeiten, den richtigen Erntetermin herauszufinden. Als sicheres Anzeichen gilt, wenn die Körner aus den Samenständen herausfallen. Allerdings gehen sie damit gleichzeitig auch für die Trocknung verloren, da man sie nicht mehr finden kann. Erfahrene Kräutergärtner empfehlen deshalb, die Samen frühmorgens zu ernten, wenn sie vom Tau noch ein wenig feucht sind und sich nicht so leicht lösen.

Wie lange es dauert, bis die Kräuter getrocknet sind, ist von Pflanze zu Pflanze unterschiedlich. Die Blätter sollten spröde, sie dürfen, wenn man sie anfasst brechen, aber nicht zu Staub zerfallen. Auch die Wurzeln müssen ganz trocken sein. Fühlen sie sich schwammig an, beginnen sie in einer Dose rasch zu faulen.

Kräuter trocknen

Kräuter in Essig und Öl einlegen

Diese Konservierungsmethode dient dazu, den Kräutern Aroma und Duft zu entziehen und sie an das Öl oder den Essig weiterzugeben. Besonders geeignet sind Rosmarin, Estragon, Salbei und Thymian. Die für das Einlegen vorgesehenen Gefäße müssen gründlich ausgewaschen und getrocknet werden, damit keine Restfeuchtigkeit in ihnen zurückbleibt. Am besten stellt man sie im Freien in die Sonne. Sollen Kräuteröl und Kräuteressig in der Küche oder auf dem Esstisch auch dekorativen Wert haben, wählt man schön geformte Glasflaschen aus. Damit das Kräuteraroma auch voll zur Geltung kommt, müssen Öl und Essig von bester Qualität sein. Man steckt 3 bis 4 getrocknete Kräuterzweiglein in die Flasche und gießt mit Öl oder Essig so weit auf, dass die Kräuter vollständig bedeckt sind. Dann wird die Flasche fest verkorkt, an einen sonnigen Platz gestellt und immer wieder gut durchgeschüttelt. Nach etwa 4 Wochen haben Essig oder Öl das jeweilige Kräuteraroma angenommen.

Als Alternative zum Kräuteröl kann man auch Kräuterpasten herstellen. Die klein gehackten oder im Mörser zerstampften Kräuter werden mit Salz und Öl gut vermischt (10 g Salz, 100 g Kräuter, 1/10 l Olivenöl) und in ein Schraubdeckelglas gefüllt. Dann gießt man Öl zu, bis es etwa 10 cm über der Paste steht. Im Kühlschrank halten sich Kräuterpasten einige Monate. Für Kräuterpasten eignen sich zum Beispiel Bärlauch, Basilikum, Kerbel und Origano.

Öl und Essig müssen von bester Qualität sein.

Kräuter einfrieren

Tipp

Borretschblüten und Blätter panaschierter Minzeblüten sehen einzeln in Eiswürfeln eingefroren sehr dekorativ in Sommerdrinks und Obstsalaten aus.

Einige Kräuter wie Basilikum, Petersilie, Fenchel, Estragon, Schnittlauch und Dill lassen sich durch Einfrieren konservieren, wenn auch dabei oft ihr Aroma verloren geht. Die gepflückten Kräuter werden mit kaltem Wasser gewaschen, trocken geschwenkt und im Tiefkühlfach schockgefroren. Dann gibt man die erstarrten Kräuter in kleinen Mengen in Plastikbeutel oder -dosen, beschriftet sie und lagert sie separat in der Kühltruhe. Kräuter, die später nur als Würze für Suppen und Soßen dienen, lassen sich in Eiswürfeln konservieren. Dazu werden die Kräuter sehr klein geschnitten, in eine Eiswürfelschale gefüllt und mit Wasser aufgegossen. Die gefrorenen Kräuterwürfel löst man aus der Schale und gibt sie ebenfalls in Plastikbeutel oder -dosen. Eingefrorene Kräuter taut man vor dem Kochen nicht auf, da sie sonst schlaff werden.

Schnittlauch, Dill und einige andere Kräuter lassen sich durch Einfrieren konservieren.

Die Blüten mancher Kräuter lassen sich dekorativ in Eiswürfeln einfrieren.

Getrocknete Kräuter aufbewahren

Zur Aufbewahrung bieten sich Tongefäße oder Gläser an. Bei Gläsern lassen sich sofort erste Zeichen von Kondenswasserbildung erkennen. Setzt sich nach einem Tag Kondenswasser ab, dann muss der Inhalt umgehend nochmals getrocknet werden. Außerdem ist immer darauf zu achten, dass die Gläser nicht dem Licht ausgesetzt sind. Darüber hinaus sollten die Gefäße mit einem Etikett versehen werden, um Verwechslungen zu vermeiden. An einem nicht zu warmen Ort gelagert behält das getrocknete Sammelgut etwa 6 Monate sein Aroma. Spätestens nach einem Jahr sollte es jedoch erneuert werden. Um eine optimale Freisetzung der jeweiligen Wirkstoffe zu gewährleisten, empfiehlt es sich, die getrockneten Kräuter vor der Verwendung mit Stein- oder Porzellanmörsern zu zerkleinern. Wurzeln, holzige Teile und Samen müssen etwa auf die Größe eines Reiskorns verkleinert werden. Wichtig ist, dass man immer nur die für den unmittelbaren Gebrauch notwendige Menge zerkleinert, da die Wirkstoffe relativ schnell an Kraft verlieren.

Die Gläser sollten getönt sein und dürfen nicht dem Licht ausgesetzt werden.

Kräuter in der Natur sammeln

Unbelastete Kräuter findet man nur weit entfernt von aller Zivilisation: auf Wiesen, auf dem freien Feld, im Gebirge oder im Unterholz und Gebüsch. Hier, in ihrer natürlichen Umgebung wachsen sie unbelastet von Schadstoffen im Gleichgewicht mit anderen Pflanzen und sind auch reich an Wirkstoffen. Man sollte deshalb Kräuter keinesfalls an Straßenrändern, in der Nähe offener Müllhalden oder landwirtschaftlich intensiv genutzter Flächen sammeln.

Selbstverständlich geht der Kräutersammler schonend und achtsam mit der Natur um. Man entnimmt nur kleine Mengen und belässt immer genügend Pflanzen zur Arterhaltung am Sammelort. Zum Sammeln eignet sich am besten ein Korb aus natürlichen Materialien, in dem das Sammelgut luftig und nicht zu dicht aufeinander liegt oder gepresst wird.

Für die unterschiedlichen Pflanzenteile gilt:

- Die Rinde wird im Frühjahr gesammelt, wenn die Zweige voll im Saft stehen, sie lässt sich dann leichter vom Zweig lösen.
- Die Blätter sammelt man im Spätfrühling, wenn sie sich voll entfaltet haben. Junge Blätter sind besonders zart, ältere werden häufig hart und bitter.
- Blüten sammelt man am besten, ehe sie sich geöffnet haben, dann enthalten sie die meisten Wirkstoffe.
- Samen werden vor ihrer Freisetzung gesammelt, sie lassen sich mit Hilfe eines Siebes von den anderen Pflanzenteilen trennen.

Beim Sammeln von Kräutern in der Natur geht man äußerst schonend vor.

Mit frischen Kräutern kochen

Kochen mit frischen Kräutern macht Spaß, ist gesund, macht fit und schmeckt hervorragend. Würzte man früher meist nur mit Petersilie und Schnittlauch, so kann man heute richtig aus dem Vollen schöpfen. Mit den im folgenden Kapitel vorgestellten Rezepten lässt sich die Vielfalt der Kräuter richtig genießen.

Mit Kräutern würzen & kochen

Wegen ihres hohen Mineralstoff- und Vitamingehaltes leisten Kräuter einen wichtigen Beitrag zur gesunden Ernährung. Wer seine Speisen mit frischen, grünen Kräutern würzt, braucht weniger Salz und beugt Herz- und Kreislauferkrankungen vor. Aber nur im frischen Zustand können sie ihr volles Aroma entfalten.

Die Kunst des Kochens mit Kräutern besteht darin, je nach Gericht das passende Kraut zu verwenden und es in der richtigen Dosierung einzusetzen. Zuviel des Guten wird den Geschmack nicht unbedingt verbessern – eher im Gegenteil. Vor allem bei Kräutersoßen sind die Mengenverhältnisse entscheidend. Man beginnt deshalb mit wenig Würze und schmeckt laufend ab.

Salat- und Kochkräuter

In der Küche unterscheidet man in der Regel zwischen *Salatkräutern* und *Kochkräutern*. Die Blätter von Salatkräutern sind bereits roh ein Genuss. Ihr Geschmack kann intensiv sein, doch beim Garen müssen sie sehr schonend behandelt werden, damit er nicht verloren geht. Zu den Salatkräutern gehören Bärlauch, Basilikum, Borretsch, Dill, Estragon, Kerbel, Koriander, Pfefferminze, Petersilie, Sauerampfer, Schnittlauch, Zitronenmelisse und Brennnessel.

Bei den Kochkräutern entfalten deren festere Blätter erst beim Erhitzen ihr Aroma. Je nach Würzkraft werden sie mindestens einige Minuten mitgegart, bis ihr Geschmack dem Gericht die entsprechende Note verliehen hat. Zu den Kochkräutern zählen Lorbeer, Beifuß, Bohnenkraut, Majoran, Origano, Rosmarin, Salbei und Thymian.

Kräuter putzen

Um das gehaltvolle, aber empfindliche Aroma frischer Kräuter zu erhalten, müssen sie vorsichtig behandelt werden. Zunächst sollten sie nur möglichst kurz gelagert und rasch verarbeitet werden, da sie schnell ihre Geschmacksstoffe und Würzkraft verlieren. Man kann sie in einem Glas mit Wasser, am besten mit Folie umwickelt, in den Kühlschrank stellen. In einer luftdicht verschlossenen Dose bleiben Kräuter im Gemüsefach 2 bis 3 Tage frisch.

Kräuter sollten nach Möglichkeit nicht gewaschen, sondern nur mit einem trockenen Tuch gesäubert werden. Anderenfalls wäscht man Kräuter immer im Ganzen unter fließendem Wasser (kein harter Strahl) und schüttelt oder tupft sie anschließend gut trocken.

Kräuter schneiden

Um Kräuter zu schneiden, sollte man statt eines Holzbrettchens besser eine Arbeitsplatte aus Kunststoff oder Marmor benutzen, denn das Holz saugt die Kräutersäfte auf. Wenn nichts anderes zur Verfügung steht, dann spült man das Holzbrett vorher mit kaltem Wasser ab und trocknet es nicht ab.

Beim Zerkleinern der Blätter werden die Geschmacksstoffe aufgeschlossen. Grundsätzlich sollten Kräuter erst kurz vor der Anwendung geschnitten, gehackt oder zerkleinert und nicht zu früh dem Gericht beigegeben werden. Je feiner man die Kräuter schneidet, desto schneller können die Inhaltsstoffe auf die Speise übergehen.

Am besten man schneidet oder hackt die Kräuter mit einem großen Koch- oder Wiegemesser. Je feiner das Gericht ist, desto feiner werden die Kräuter dafür geschnitten.

Jedes Kraut besitzt seine ganz typische Geschmacksbalance, die bei richtiger Zubereitung auf das Gericht übergeht. Dies gilt auch für die Bekömmlichkeit des Krauts, denn seine Wirkstoffe sorgen für die Anregung und Förderung der Verdauung.

Kochkräuter sind robuster, die Dauer des Garens hängt dabei vom jeweiligen Kraut und der Zubereitungsart ab. Diese sollte jedoch nicht länger als 10 bis 15 Minuten dauern (mit Ausnahme von Lorbeer), damit der volle Geschmack erhalten bleibt.

Besonders feine Kräuter wie Dill oder Kerbel kocht man nie mit, sondern fügt sie dem Gericht immer erst zum Schluss zu, vor allem, wenn sie frisch sind. Getrocknete Kräuter können dagegen noch einige Minuten mitkochen.

Von besonders kräftigen Kräutern wie Rosmarin und Thymian gibt man frisch schon eine Hälfte während des Garens, die andere Hälfte zum Schluss der Kochzeit dazu.

Garen mit Kräutern

Den Aromen der meisten Kräuter bekommt zu starke Erhitzung bzw. zu langes Garen nicht. Das liegt an der Empfindlichkeit der ätherischen Öle. Salatkräuter werden daher durch Kochen eher nutz- und geschmacklos. Deshalb werden sie erst zum Schluss in die heiße Speise gegeben.

Welches Kraut passt wozu

Bärlauch: zu Grillfleisch, gebratenem Geflügel, Kaninchen, gebratenem Fisch, Suppen, Kartoffeln, Tomaten und Salaten.

Basilikum: zu Fisch- und Fleischgerichten, Tomatengerichten, eingelegten Gurken, Gemüse- und Hülsenfruchtsuppen, weißen und grünen Bohnen sowie frisch zu allen Salaten.

Beifuss: zu allen fetten Speisen, besonders zu Enten- und Gänsebraten sowie Schweinebraten.

Bohnenkraut: zu Bohnen, Kartoffel- oder Gemüsesuppen und Eintöpfen, zu Lammfleisch, Salatdressings und kräftigen Soßen.

Borretsch: zu Blatt- und Gurkensalat, Kohlgemüse, Fisch und Rindfleisch.

Brunnenkresse: zu Grillfleisch (Kräuterbutter), Geflügel (Fülle), pochiertem und gegrilltem Fisch, Kartoffeln, Pilzen und Salaten.

Dill: zu Fischgerichten, Krebsen, Salaten, Kräuterbutter, Soßen und Suppen; die Fruchtdolden zum Einlegen von Gurken; Dillspitzen für Fischmarinaden.

Estragon: zu Fisch, Krustentieren und Fleischgerichten, Salaten, Suppen und Soßen.

Kerbel: zu Suppen und Soßen, Gemüse und Salaten, Rohkost, Kräuterbutter.

Liebstöckel: zu Fisch-, Fleisch- und Gemüsesuppen, Fleischteigen, Kräuterbutter, Rohkostsalaten.

Majoran: zu Kartoffelsuppe und Erbsensuppe, Gänse- und Schweinebraten.

Origano: Zu Tomatengerichten, Hackfleischgerichten, Suppen, mediterranen Gemüsen; typisches Pizzagewürz.

Petersilie: zu allen salzigen Speisen, Soßen, Suppen, Kartoffeln, Gemüse, Salaten und Teigwaren.

Rosmarin: zu Geflügel-, Fisch-, Pilz- und Kartoffelgerichten, Lamm- und Wildfleisch.

Salbei: zu Schweine-, Kalb-, Lamm- und Kaninchenbraten, Fischgerichten und Omeletts.

Sauerampfer: zu gekochtem Rind- und Kalbfleisch, gekochtem Geflügel, pochiertem Fisch, Gurken, Salaten und Tomaten.

Schnittlauch: zu Eiern, Salaten, Quark, Suppen, Soßen, Kartoffelgerichten, Rohkost.

Thymian: zu Wildgerichten, Suppen, Marinaden, Soßen, Fleischteigen, Mayonnaise, Enten- und Gänsebraten, Eintopfgerichten.

Zitronenmelisse: zu Kalb- und Lammfleisch, gebratenem Geflügel, Fisch und Krustentieren, Bohnen und Salaten.

Tipp

Origano, Thymian, Majoran haben auch getrocknet eine starke Würzkraft. Noch mehr Aroma entwickeln sie, wenn man sie zuvor mit den Fingern zerreibt oder rebelt.

Frühlingssuppe

Zutaten (4 Personen)
200 g grüne Bohnen
300 g Erbsen
200 g Kartoffeln
2 Möhren
2 Frühlingszwiebeln
1 Zucchini
2 Fleischtomaten
2 EL Olivenöl
Meersalz und Pfeffer aus der Mühle
1 Zweig Bohnenkraut
2 Lorbeerblätter
2 Knoblauchzehen
750 ml l Gemüsebrühe
Basilikumblätter

Zubereitung
Die Bohnen waschen, putzen und in 2 cm lange Stücke schneiden, die Erbsen aus der Hülse brechen.

Die Kartoffeln und Möhren waschen, schälen und in 2 cm große Würfel schneiden. Die Frühlingszwiebeln waschen, putzen und in 1 cm dicke Ringe schneiden.

Die Tomaten und die Zucchini waschen, vom Blütenstrunk befreien und in 2 cm große Würfel schneiden.

Das Olivenöl in einem Topf erhitzen und die Frühlingszwiebeln darin glasig dünsten, die Kartoffeln und Möhren zugeben. Mit Salz und Pfeffer würzen. Das Bohnenkraut und die Lorbeerblätter zum Gemüse geben. Das Ganze mit der Gemüsebrühe auffüllen und zum Kochen bringen, 10 Minuten köcheln lassen. Dann die Bohnen und Erbsen zufügen und alles nochmals 10 Minuten köcheln lassen. Zucchini und Tomaten zufügen und weitere 10 Minuten köcheln lassen. Zuletzt das Bohnenkraut und die Lorbeerblätter aus der Suppe nehmen und diese mit Salz und Pfeffer abschmecken. Mit frischem Baguette servieren.

Wiesensalat mit Wachteleiern

Zutaten (4 Personen)
*250 g gemischte Salatkräuter
(Löwenzahn, Sauerampfer,
Brennnessel, Portulak, Brunnenkresse)
10 Wachteleier
2 EL Sherryessig
2 EL Balsamicoessig
6 EL Traubenkernöl
1 TL Dijonsenf
2 Frühlingszwiebeln
1 Zweig Estragon
1 Bund Kerbel
1 Prise Zucker
Salz
Pfeffer aus der Mühle*

Zubereitung
Die Kräuter waschen und gut trocken-
schleudern. Sherry- und Balsamicoessig
mit dem Öl und Senf zu einem Dressing
verrühren.

Die Frühlingszwiebeln waschen und in
dünne Ringe schneiden. In das Dressing
geben und alles mit Salz, Zucker und Pfeffer
abschmecken.

Den Estragon und Kerbel waschen, trocken
tupfen und entstielen. Den Estragon klein
schneiden und in das Dressing geben. Den
Kerbel zu den Salatkräutern geben, einige
Zweige zum Garnieren beiseite legen.

Die Wachteleier 3 Minuten in kochendem
Wasser garen, mit kaltem Wasser abschrecken, vorsichtig schälen und halbieren.

Das Dressing über den Salat gießen und
darunter mengen. Den Salat auf einem
Teller anrichten und die Wachteleier rundum setzen. Mit Kerbel garnieren.

Steinpilze mit Kräutern

Zubereitung

Die Steinpilze putzen und mit einem Küchentuch abreiben, nicht waschen. In 1 cm dicke Scheiben schneiden. Die Schalotten schälen und in Würfel schneiden.

Die Kräuter waschen und trocken tupfen. Die Petersilienblätter von den Stielen zupfen und mit den Liebstöckelblättern fein hacken. Den Schnittlauch in feine Röllchen schneiden, die Thymianblättchen von den Stielen zupfen.

Das Öl in einer Pfanne erhitzen und die Steinpilze darin anbraten. Die Butter und Schalottenwürfel zugeben und mit anschwitzen. Alles mit Salz und Pfeffer abschmecken. Die Kräuter zugeben und kurz durchschwenken. Auf Tellern anrichten und sofort servieren.

Zutaten (4 Personen)
700 g Steinpilze
2 Schalotten
1/2 Bund glatte Petersilie
1 Bund Schnittlauch
3 Blätter Liebstöckel
2 Zweige Thymian
3 EL Olivenöl
3 EL Butter
Salz
Pfeffer aus der Mühle

Lammrücken mit Kräuterkruste

Zutaten (4 Personen)
2 Lammcarées je 500 g
2 Knoblauchzehen
2 Rosmarinzweige
3 EL Olivenöl
1 TL Dijonsenf
2 Scheiben Toastbrot
3 Stängel glatte Petersilie
2 Thymianzweige
2 Origanozweige
6 Basilikumblätter
Salz
Pfeffer aus der Mühle

Zubereitung
Backofen auf 220 °C vorheizen. Lammcarées mit Salz und Pfeffer würzen. In einer Kasserolle das Olivenöl erhitzen und die Lammcarées darin rundum anbraten. Zerdrückte Knoblauchzehen und Rosmarinzweige zufügen. Im Backofen 15 Minuten garen.

Toastbrot fein zerreiben. Die Lammcarées aus der Kasserolle nehmen und mit Dijonsenf bestreichen. Thymian-, Origano- und Basilikumblätter von den Stielen zupfen, fein hacken und zusammen mit dem geriebenen Brot und dem Olivenöl verrühren.

Die Kräutermasse auf die Lammcarées streichen und andrücken. Die Lammcarées auf ein Backblech setzen und im Backofen überbacken, bis die Kruste goldbraun ist. Aus dem Ofen nehmen, etwa 4 Minuten ruhen lassen und in 4 cm dicke Schieben schneiden.

Lachssteaks mit Sauerampfersoße

Zutaten (4 Personen)
4 Lachssteaks à 180 g
2 Schalotten
2 Tomaten
40 g Sauerampfer
1 EL Butter
100 ml Fischfond
100 ml trockener Weißwein
1 Lorbeerblatt
125 ml Sahne
Salz
Cayennepfeffer
1 TL Zitronensaft

Zubereitung
Backofen auf 220 °C vorheizen.

Schalotten schälen und in feine Würfel schneiden. Tomaten mit kochendem Wasser überbrühen, abschrecken, enthäuten und fein würfeln. Sauerampfer waschen, trockentupfen, die Blätter von den Stielen zupfen und klein hacken. Stiele und Blätter beiseite stellen.

Butter in einem Topf erhitzen und die Schalotten glasig dünsten. Mit Fischfond und Weißwein ablöschen. Lorbeerblatt und Sauerampferstiele hinzugeben und den Sud fast einkochen lassen. Stiele und Lorbeerblatt herausnehmen, Sahne zufügen und das Ganze mit dem Pürierstab pürieren. Mit Salz, Cayennepfeffer, Zitronensaft abschmecken und die Tomatenwürfel in die Soße einrühren.

Lachsteaks waschen, trockentupfen und mit Salz und Pfeffer würzen. In eine ofenfeste, eingefettete Form geben und im Backofen etwa 5 Minuten garen. Aus dem Ofen nehmen und auf vorgewärmte Teller setzen. Die Sauerampfersoße über die Lachssteaks gießen und mit den klein gehackten Sauerampferblättern garnieren.

Kräutersenf

Zubereitung

Das Senfpulver mit dem Weißwein, dem Estragonessig und dem Wasser in einer Schüssel anrühren. Alles 5 Minuten mit dem Schneebesen schlagen und mit den Gewürzen abschmecken.

Die Kräuter waschen und trockentupfen. Die Blätter von den Stielen zupfen, fein hacken und unter die Senfsoße heben. Die Senf-Kräuterpaste 2 bis 3 Tage ruhen lassen, damit sich das Kräuteraroma voll entfalten kann.

Zutaten (1 Glas à 170 g)
60 g Senfpulver
4 EL Weißwein
4 EL Estragonessig
4 EL Wasser
1 EL Zucker
1 TL Salz
1 Msp. Cayennepfeffer
1 Msp. Piment
1 Msp. gemahlener Koriander
Pfeffer aus der Mühle
2 Zweige Estragon
2 Zweige Dill
1 Zweig Thymian
5 Rosmarinnadeln

Gebackene Salbeiblätter auf Himbeersoße

Zutaten (4 Personen)
300 g Himbeeren
50 g Puderzucker
1 Schuss Himbeergeist
1 Spritzer Zitronensaft
125 g Mehl
200 ml Weißwein
1 Prise Salz
2 Eier
2 EL Zucker
40 Salbeiblätter
Öl zum Ausbacken

Zubereitung
Himbeeren waschen, verlesen und einige Früchte beiseite legen. Die restlichen Himbeeren in einen Topf geben, Puderzucker zugeben und kurz aufkochen lassen. Durch ein Sieb streichen und mit dem Himbeergeist und Zitronensaft aromatisieren.

Das Mehl in eine Schüssel sieben und mit dem Wein und Salz zu einem glatten Teig verrühren. Eier trennen und die Eigelbe unter den Teig rühren. Die Eiweiße mit dem Zucker zu einem festen Schnee schlagen und unter den Teig heben.

Das Öl in einem Topf erhitzen. Die Salbeiblätter waschen, trockentupfen und durch den Teig ziehen. In dem heißen Öl nach und nach goldbraun ausbacken. Auf einem Küchenkrepp abtropfen lassen und mit Puderzucker bestäuben.

Die Himbeersoße auf die Teller geben, die Salbeiblätter darauf kreisförmig anrichten und mit den beiseite gelegten Himbeeren garnieren.

Pfefferminzgelee

Zutaten (4 Gläser à 250 g)
100 g frische Pfefferminze
500 g Äpfel
Saft einer Zitrone
250 ml Weißwein
1 Nelke
1 Lorbeerblatt
1/2 Zimtstange
50 g Zucker
250 g Gelierzucker (1+2)
2 cl Pfefferminzlikör

Zubereitung
Die Pfefferminze waschen, trockentupfen, die Blätter von den Stielen zupfen und fein hacken. Stiele beiseite legen.

Die Äpfel schälen, vom Kerngehäuse befreien und klein schneiden. In einen Topf geben und mit 250 ml Wasser und dem Weißwein auffüllen. Gewürze, Minzestiele und Zucker zugeben und alles 20 Minuten köcheln lassen.

Alles durch ein Tuch passieren und den ablaufenden Saft auffangen. 500 ml Saft abmessen und ggf. mit Wasser auffüllen. Den Gelierzucker zugeben und das Ganze unter ständigem Rühren zum Kochen bringen. Kochen lassen, bis die Gelierprobe zufriedenstellend ausfällt. Zuletzt gehackte Minzeblätter und Pfefferminzlikör zugeben.

Den Gelee in vorbereitete Gläser füllen, diese verschließen, auf den Kopf stellen und abkühlen lassen. Bis zum festen Gelieren die Gläser mehrmals drehen, damit sich die Geliermasse gleichmäßig verteilt.

Arten- und Sachregister

Achillea millefolium 65
Alchemilla 67
Allium ursinum 70
Allium sativum 68
Allium schoenoprasum 69
Anethum graveolens 71
Angelica archangelica 72
Anis 102
Anthriscus cerefolium 73
Apium graveolens var. secalinum 74
Apothekergarten 10
Armoracia rusticana 75
Artemisia abrotanum 76
Artemisia absinthium 77
Artemisia dracunculus 78
Artemisia vulgaris 79
Arzneipflanzengarten 12
Avicenna 9

Bärlauch 70
Basilikum 98
Beifuß 79
Beinwell 113
Bellis perennis 80
Bergbohnenkraut 110
Bewurzelungspulver 56
biologischer Gartenbau 15
Borago officinalis 81
Borretsch 81
Brennnessel 117
Brennnesseljauche 50
Brunnenkresse 97

Calendula officinalis 82
Capsicum annuum 83
Carum carvi 84
Chamaemelum nobile 85
Cochlearia officinalis 86
Coriandrum sativum 87

Dill 71
Dränage 43, 47, 51

Eberraute 76
einjährige Kräuter 64
Engelwurz 72
Erntezeitpunkt 122
Estragon 78
Fenchel 88
Foeniculum vulgare 88
Frauenmantel 67
Frühlingssuppe 134

Galium odoratum 89
Gänseblümchen 80
Gartenkresse 93
Gebackene Salbeiblätter
    auf Himbeersoße 140
Gemeine Schafgarbe 66
geschützte Kräuter 64

Hieronymus Bock 14
Hyssopus officinalis 90

Kapuzinerkresse 116
Kerbel 73
Kies 47
Klosterplan von St. Gallen 12
Knoblauch 68
Knochen- und Blutmehl 50
Kompost 47, 50
Koriander 87
Kräuterauszüge 52
Kräuterfrauen 10
Kräuterjauchen 52
Kräuterpasten 124
Kräutersenf 139
Kräutertee 52
Kümmel 84

Lachssteaks mit Sauerampfersoße 138
Landgüterverordnung
    Karls d. Großen 13
Lammrücken mit Kräuterkruste 137
Laurus nobilis 91
Lavandula angustifolia 92
Lavendel 92
Lehm 47
Leonhart Fuchs 14
Lepidum sativum 93
Levisticum officinale 94
Licht- und Dunkelkeimer 48
Liebstöckel 94
Löffelkraut 86
Lorbeer 91
Löwenzahn 114
Lukullus 8

Majoran 99
Meeresalgendünger 51
Meerrettich 75
mehrjährige Kräutern 64
Melissa officinalis 95
Mentha x piperita 96
Mischkultur im Gemüsegarten 19
Mistel 9

Nährstoffversorgung 50
Nasturtium officinale 97

Ocimum basilicum 98
Origano 100
Origanum majoran 99
Origanum vulgare 100

Paprika 83
Pedanios Dioskurides 8
Petersilie 101
Petroselinum 101
Pfefferminze 96
Pfefferminzgelee 141
Pimpinella anisium 102
Pimpinelle 108
Plinius d. Ältere 8
Portulaca oleracea 103
Portulak 103

Rinde 51
Ringelblume 82
Römische Kamille 85
Rosmarin
Rosmarinus officinalis 104
Rückschnitt 52
Rumex acetosa 105
Ruta graveolens 106

Saatbänder 53
Salbei 107
Salvia officinalis 107
Sand 51
Sanguisorba minor 108
Satureja hortensis 109
Satureja montana 110
Sauerampfer 105
Schnittlauch 69
Schnittsellerie 74
Sedum reflexum 111
Senf 112
Sinapis alba 112
Sinapis nigra 112

Sommerbohnenkraut 109
Steinmehle 47
Steinpilze mit Kräutern 136
Stickstoff 50
Substrat 51
Symphytum officinale 113

Taraxacum officinale 114
Thymian 115
Thymus vulgaris 115
Torf 51
Tripmadam 111
Trockenmauern 47
Tropaeolum majus 116

Urtica dioica 117
Urtica urens 117

Waldmeister 89
Weinraute 106
Wermut 77
Wiesensalat 135

Ysop 90

Zitronenmelisse 95
zweijährige Kräuter 64